MANUEL DU CAVALIER,

EN TEMPS DE PAIX ET EN TEMPS DE GUERRE;

Basé sur les Réglemens de service intérieur des 24 juin 1792 et 22 mai 1816; sur ceux de service en campagne du 12 août 1788, de Schœnbrüun 1809, et sur les Instructions du roi de Prusse à ses troupes légères, Melfort, Montecuculi, Guibert, etc.

A PARIS,

Chez
Pichard, libraire, quai Voltaire.
Magimel, Anselin et Pochard, libraires, rue Dauphine.
Cordier, imprimeur-libraire, rue des Mathurins-Saint-Jacques, n° 10.
Pélicier, libraire, première cour du Palais Royal.
Delaunay, libraire, au Palais Royal, galerie de bois.

1817.

Signé : Châtelain

MANUEL DU CAVALIER,

EN TEMPS DE PAIX ET EN TEMPS DE GUERRE,

IMPRIMÉ pour la première division de cavalerie de la Garde Royale, par ordre de Monsieur le Lieutenant-général Comte de BORDESOULLE, commandant la division ;

BASÉ sur les Règlemens de service intérieur des 24 juin 1792 et 22 mai 1816 ; sur ceux de service en campagne du 12 août 1788, de Schœnbruun 1809, et sur les Instructions du roi de Prusse à ses troupes légères, Melfort, Montécuculi, Guibert, etc.

PAR L'AUTEUR DU GUIDE DES OFFICIERS DE CAVALERIE.

A PARIS,

DE L'IMPRIMERIE DE DIDOT LE JEUNE,

RUE DES MAÇONS-SORBONNE, N° 13.

1817.

TABLE DES MATIÈRES.

DEVOIRS DU CAVALIER

EN TEMPS DE PAIX.

ARTICLE PREMIER.

Devoirs journaliers.

ARTICLE II.

Devoirs du cavalier relativement aux corvées.

ARTICLE III.

Devoirs du cavalier de service.

ARTICLE IV.

Instruction du cavalier.

ARTICLE V.

Des devoirs généraux.

ARTICLE VI.

Devoirs du cavalier en route.

ARTICLE VII.

Devoirs des travailleurs.

ARTICLE VIII.

Récapitulation de tout ce qui revient à un cavalier de quelque arme qu'il soit, pour un jour, tant solde que pain et vivres de campagne ; et composition de la ration de fourrage pour son cheval.

DEVOIRS DU CAVALIER

EN CAMPAGNE.

FIN DE LA TABE DES MATIÈRES.

MANUEL DE CAVALERIE,

A L'USAGE

DES CAVALIERS, BRIGADIERS, ET SOUS-OFFICIERS.

TITRE PREMIER.

Devoirs du Cavalier en temps de paix.

ARTICLE PREMIER.

DEVOIRS JOURNALIERS.

1. *Ce que doit faire le Cavalier au réveil.*

Immédiatement après le réveil, et dès que le brigadier de la chambre en a donné l'ordre, chaque cavalier doit s'habiller promptement en tenue d'écurie, découvrir son lit, ouvrir les fenêtres dans toutes les saisons, et disposer ses effets de pansage.

2. *Son devoir à l'appel du matin.*

A la sonnerie de l'appel, le cavalier, en tenue d'écurie, et muni de ses effets de pansage, se rend au lieu du rassemblement de l'escadron; il s'y place à son rang, où il garde l'immobilité et observe le plus grand silence, depuis le commandement de *garde à vous* jusqu'à celui de *rompez vos rangs*.

3. *Manière de panser un cheval.*

Aussitôt que les rangs sont rompus, il se rend aux écuries. Il commence par mettre le mors du licol-bridon dans la bouche de son cheval, ou le bridon d'abreuvoir, si le premier n'est point encore en service; ensuite, d'après l'ordre de l'officier de semaine, il le sort, s'il fait beau, et l'attache dehors, aux anneaux à ce destinés; dans le cas contraire, il le panse à l'écurie.

Il commence par passer l'inspection de la ganache et de la ferrure, et rend compte au brigadier de semaine de ce qu'il croirait remarquer de particulier dans son cheval.

Il place ses effets d'écurie à terre, derrière son cheval, à une distance telle, que celui-ci, en reculant, ne puisse marcher dessus. Ils sont hors la musette, sur laquelle ils doivent être placés, et toujours alignés sur ceux de son voisin de droite.

Il commence par épousseter son cheval sur toutes les parties du corps; il prend ensuite l'étrille de la main droite; tenant la queue de la gauche, il étrille le côté droit, en commençant par la croupe jusqu'au cou inclusivement, en conduisant l'étrille à contre-poil, et la ramenant toujours bien à plat et sans appuyer, pour ne pas écorcher la peau. Il doit appuyer l'étrille plus ou moins fort, selon que le cheval est plus ou moins chatouilleux ou sensible. Il fait sortir la poussière de l'étrille en en frappant le marteau à terre chaque fois que cela est nécessaire. Lorsque le côté droit est étrillé, il en fait autant au gauche, après avoir changé l'étrille de main, et pris la queue de la droite. Arrivé à l'encolure, il étrille sous la crinière, qu'il relève de la main droite. La tête, les jambes et l'épine du dos ne doivent point être étrillés. Sous le ventre, il faut observer de ne pas faire passer l'étrille trop près du fourreau.

Au premier demi-appel, le cavalier pose l'étrille, époussete son cheval, et prend un bouchon de paille humide, avec lequel il frotte à contre-poil et à poil toutes les parties du cheval, particulièrement celles où l'étrille n'a pas passé, telles que la tête, le dos, les jambes, et surtout dans les paturons, entre les jambes de devant, et entre les cuisses.

Au deuxième demi-appel, il époussete de nouveau son cheval. Il prend ensuite la brosse de la main droite, et l'étrille de la gauche; il brosse son cheval, en commençant par la croupe, du côté droit, et ensuite le côté gauche, à contre-poil et à poil, toujours en remontant, et passant à chaque coup la brosse sur l'étrille pour en retirer la poussière. Toutes les parties doivent être brossées. La brosse s'emploie surtout pour nettoyer la tête, la crinière, et le tronçon de la queue.

Au troisième demi-appel, il époussete encore, et prend le peigne et l'éponge. Il peigne le toupet, la crinière et la queue dans sa partie supérieure, jusqu'à six pouces seulement de sa naissance, et l'extrémité inférieure, ayant soin de la tenir à poignée de la main gauche, pour ne pas arracher les crins. Si elle est crottée, il doit la frotter dans ses mains, et la laver ensuite dans un seau d'eau. Il mouillera l'éponge dans les baquets destinés à cet usage, et il aura le soin de ne pas y laisser trop d'eau, ce qui ne fait qu'inonder mal à propos le cheval. Il épongera d'abord les yeux, et ensuite les naseaux, ayant soin de rincer chaque fois l'éponge. Il la passera ensuite sur le toupet, dessus et dessous la crinière, et sur la queue, en les peignant une seconde fois. Il faut avoir l'attention de ne laisser aucune crasse ni poussière dans la crinière et sur le tronçon de la queue : il en résulte une démangeaison qui engage le cheval à se gratter, ce qui arrache les crins. Il lave ensuite avec l'éponge le fourreau ou les mamelles, et dessous la queue.

On reconnaît qu'un cheval est bien pansé lorsqu'il ne reste ni crasse, ni poussière sous le toupet, sous la crinière, sur le poitrail, entre les jambes de devant, sous le ventre, sur les jambes, et principalement dans les paturons. Le défaut de propreté dans ces dernières parties y fait naître des crevasses.

Le pansage fini, le cavalier, après le signal qui en est donné, fait boire son cheval, soit à l'abreuvoir, soit dans les auges, suivant les ordres des officiers et sous-officiers de semaine. Il reconduit ensuite à l'écurie son cheval, qu'il remet à sa place, et se présente au brigadier de semaine avec sa musette, pour recevoir de lui l'avoine pour trois chevaux, qui composent l'ordinaire. Lorsque l'ordre de jeter l'avoine est donné, il entre dans l'intervalle, nettoie la mangeoire, dont il retire toutes les ordures, et y vide la musette à sa droite, en étendant également l'avoine devant les trois chevaux. Il reste dans l'intervalle jusqu'à ce que l'avoine soit mangée. Après que la paille est jetée, et qu'il n'y a point d'ordre contraire, il doit retourner à sa chambre.

Chacùn des cavaliers à qui appartiennent les trois chevaux qui composent l'ordinaire doit, à son tour, recevoir, donner l'avoine, et rester dans l'intervalle.

4. *Ce que doit faire le cavalier en rentrant à la chambre.*

Avant de remonter à la chambre, le cavalier doit avoir l'attention de se laver les mains, la figure et la tête, qu'il aura soin de bien essuyer. En été, il le fera tous les jours; et en hiver, il se lavera la tête le plus souvent possible. Il rentre ensuite, et s'occupe de faire son lit, de balayer dessous, de remettre tous ses effets en ordre, de nettoyer ceux qui sont malpropres, et il se met dans la tenue prescrite, soit pour l'instruction à cheval, ou pour un service quelconque.

5. *Le cavalier doit être présent à l'heure de la soupe.*

A la sonnerie de la soupe, chaque cavalier doit être présent pour la manger, à moins d'empêchement légitime. A défaut de s'y trouver, il n'a aucun droit à réclamer sa portion. Chaque cavalier se place debout autour de la gamelle qui lui est désignée ; il prend la portion de viande qui se trouve devant lui, sans qu'il lui soit permis de choisir ; il mange ensuite la soupe proprement, en en prenant une cuillerée à son tour, ayant soin de reculer d'un pas chaque fois, pour ne rien laisser retomber dans la gamelle.

6. *Emploi du temps qui s'écoule depuis la soupe jusqu'à l'appel de deux heures.*

Le cavalier emploie ce temps aux exercices, soit à pied, soit à cheval, s'il est commandé, ou bien au nettoiement de ses effets.

7. *Ce qu'il a à faire à l'appel de deux heures.*

A la sonnerie de l'appel de deux heures, le cavalier doit se rendre, en tenue d'écurie, muni de ses effets de pansage et d'un bouchon neuf, au rassemblement de l'escadron.

8. *Le pansage de deux heures comment fait.*

Il se fait de la même manière que celui du matin.

9. *Ce qu'il doit faire lorsqu'il est de retour à la chambre.*

Après que le pansage est fini, il doit se laver

les mains avant de rentrer à la chambre. Il se dispose ensuite aux exercices, s'il y en a. Il se trouve aussi pour manger les légumes du soir. Il observe le même ordre que pour la soupe du matin, mangeant toujours proprement et avec décence.

10. *Ses devoirs depuis la soupe jusqu'à l'appel du soir.*

Le cavalier passe ce temps aux exercices, s'il y en a, ou l'emploie au nettoiement de ses effets; il exécute enfin les ordres qu'il a reçus.

11. *Motif de la retraite.*

La retraite, qui est ordinairement sonnée une demi-heure avant l'appel, a pour but de prévenir le cavalier qu'il doit rentrer au quartier.

12. *Appel du soir.*

Le cavalier doit être rentré à la chambre au moment où il est sonné, pour répondre à l'appel de son nom. Il se place au pied de son lit. Si l'appel se fait dans la cour du quartier, il se place à son rang, comme aux appels de pansage, et rentre ensuite à sa chambre.

13. *Quand le cavalier doit se coucher.*

Aussitôt après l'appel, chaque cavalier doit se

coucher. Il lui est expressément défendu de garder son bonnet de police sur sa tête pendant la nuit.

14. *Sonnerie pour éteindre les feux.*

Dès que la trompette en a donné le signal, les lumières doivent être éteintes dans toutes les chambrées. Il est expressément défendu aux cavaliers d'en entretenir sous quelque prétexte que ce soit.

ARTICLE II.

DEVOIRS DU CAVALIER RELATIVEMENT AUX CORVÉES.

15. *Comment sont commandées les corvées.*

Toutes les corvées sont commandées en commençant par les moins anciens, soit de l'escadron, soit de la chambrée. Il doit y avoir dans chaque chambrée un contrôle indicatif des tours de corvée. Chaque cavalier commandé doit s'acquitter avec zèle de sa corvée. Si ce n'est pas son tour, il ne peut réclamer qu'après l'avoir faite, pour qu'on lui en tienne compte au tour suivant.

16. *Tenue pour les corvées.*

Dans toutes les corvées, le cavalier doit avoir

la tenue d'écurie : cependant, si la corvée était extérieure, il doit être plus régulièrement et proprement vêtu, c'est-à-dire qu'il doit être colleté, brossé, et ses bottes ou souliers nettoyés avec plus de soin.

17. *Désignation des corvées.*

Les corvées ordinaires sont, la soupe, le pain, les fourrages, le chauffage, le balayage des écuries, et tout ce qui est relatif au service.

Les corvées extraordinaires sont, le balayage des cours, arroser et piquer le manége, qui ne se font par les hommes non punis que lorsque ceux à la salle de police et consignés ne suffisent pas.

18. *Devoir du cuisinier.*

Le cavalier commandé pour faire la soupe va, la veille au soir, avec le brigadier, acheter la viande nécessaire à l'ordinaire, ainsi que le pain de soupe, et généralement les légumes et autres denrées qui doivent être consommés le jour où il fait la soupe.

Il est autorisé à donner son avis aussi-bien que le brigadier. Il peut aller avec lui à d'autres marchands qui vendent les mêmes denrées à un prix plus modéré. Il peut également vérifier le poids. Tous les achats doivent être payés comptant en sa présence. Il doit assister à l'inscription de la dépense que le brigadier doit faire sur le livret d'ordinaire pour en certifier l'existence. Il est responsable envers ses camarades des achats qu'il fait avec le brigadier.

Le matin, il se lève au réveil, il allume le feu, et prépare la soupe de manière à ce qu'elle soit prête pour l'heure fixée. Il doit y apporter tous les soins et la propreté possibles. Pendant l'appel, il ouvre les fenêtres pour donner de l'air à la chambre. Lorsque les lits sont faits, il la balaie proprement, ainsi que les escaliers et corridors qui en dépendent. Il enlève ensuite les ordures. Il coupe dans chaque gamelle la quantité de pain nécessaire. Après que la soupe est mangée, il nettoie tous les ustensiles de cuisine, il lave la table, il balaie de nouveau la chambre, et prépare les légumes du soir. Il les répartit dans les gamelles à l'heure indiquée. Il récure ensuite la marmite, lave les gamelles, remet tout en place, balaie encore une fois la chambre, et remplit les cruches d'eau.

Il a soin d'éteindre le feu lorsqu'il n'est pas nécessaire, à moins que ce ne soit dans l'hiver, où il reste allumé toute la journée. Des hommes commandés de corvée à cet effet sont chargés de porter la soupe à ceux qui, pour cause légitime, ne peuvent venir la manger. Quant au cuisinier, il doit continuellement rester à la chambre. Il est responsable de sa propreté envers le brigadier, et doit veiller à la conservation des effets de ses camarades, aussi sous sa responsabilité.

19. *Corvée du pain.*

Le cavalier commandé pour cette corvée se rend, muni de son sac à distribution, au lieu où le brigadier de semaine rassemble les hommes de corvée de l'escadron. Il marche à son rang, reçoit en compte le pain qu'on lui donne, et le rapporte au quartier sous la surveillance du brigadier de semaine. Il est responsable du nombre de pains dont il est chargé, et doit toujours savoir celui des rations qui reviennent à l'escouade dont il fait partie, afin d'être à même de le recevoir directement du fourrier. Dans ce cas, il en rend compte de suite à son brigadier en rentrant dans la chambrée.

20. *Corvée des fourrages.*

Le cavalier de corvée pour apporter le foin ou la paille prend sa corde à fourrage. Celui commandé pour recevoir l'avoine ou le son se munit de son sac à distribution. Il est conduit en ordre au magasin des fourrages, ramené par le maréchal-des-logis ou brigadier de semaine, et responsable des rations dont il est chargé.

21. *Corvée du chauffage.*

Si le chauffage se compose de bois, le cavalier y va avec sa corde à fourrage ; si la distribution a lieu en houille ou tourbe, elle doit être apportée sur les civières, afin d'éviter de salir les vestes d'écurie. Il observe le même ordre pour cette corvée que pour les précédentes.

22. *Devoir du cavalier commandé de balayage.*

A la sonnerie du réveil, il se rend aux écuries, dont il aide les gardes à relever la litière, balayer sous les chevaux, et enlever le fumier. Il s'y rend également avant le souper des chevaux ; il aide à faire la litière et au nettoiement des écuries.

23. *Devoir du cavalier commandé pour une corvée extraordinaire.*

Le cavalier commandé pour une corvée extraordinaire doit la faire avec le même zèle. Il est toujours dans la tenue prescrite ci-dessus. Un cavalier doit être d'ailleurs bien pénétré que tout ce qui concourt au bien du service ou à l'intérêt du régiment, quelque désagréable qu'il puisse être, honore celui qui s'en acquitte, et ne peut jamais l'avilir.

ARTICLE III.

DEVOIRS DU CAVALIER DE SERVICE.

24. *Comme garde d'écurie.*

Le cavalier de garde d'écurie s'y rend à onze heures et demie, dans la tenue de corvée. Il doit, avant de relever, vérifier, devant le brigadier de semaine, l'état des ustensiles qui lui sont remis. Le brigadier lui fait donner la consigne par celui qu'il relève. Il doit, pendant la durée de son service, être continuellement aux écuries; il ne peut s'en absenter qu'à l'heure des repas, et que lorsqu'un de ses camarades est venu pour prendre sa place pendant qu'il mange la soupe.

Il doit entretenir la plus grande propreté sous les chevaux, et n'y laisser séjourner ni urines, ni fumier. Il relève le crottin en petits tas derrière les chevaux, et l'enlève avant chaque pansage.

Il donne à déjeuner, dîner et souper aux chevaux, en présence du maréchal-des-logis et brigadier de semaine. Le soir, aidé par les balayeurs, il étend la litière sous les chevaux avant leur souper. Il la relève sous les mangeoires le matin, au réveil, avant leur déjeuner. Lorsqu'il fait du soleil, il porte la litière dehors, et l'étend pour la faire sécher.

Il balaie l'écurie après chaque pansage et après

chaque repas; il doit enfin la tenir dans le plus grand état de propreté.

Il ne laisse point éteindre la lumière pendant la nuit; il ne se livre point au sommeil, afin de veiller à ce que les chevaux ne se détachent ni ne se battent. Il doit prendre garde au feu et empêcher qui que ce soit d'entrer dans l'écurie en fumant ou avec une lumière qui ne serait point dans une lanterne. Il ne doit jamais battre les chevaux; il est responsable de leur nombre, ainsi que des ustensiles qui lui ont été confiés.

25. *Soins du cavalier commandé de garde de police ou de place.*

Le cavalier commandé de garde s'habille dans la tenue ordonnée, ses armes et effets devant toujours être dans le plus grand état de propreté. Il doit être rasé, bien colleté et agrafé, ses bottes nettoyées et noircies, sans trace de crasse ou poussière. Il passe dans cet état à l'inspection du brigadier de chambrée, et à celle du brigadier et maréchal-des-logis de semaine, qui le conduisent au rassemblement de la garde.

Arrivé au poste, il ne doit plus s'en écarter, puisque c'est sur lui que reposent la tranquillité publique et quelquefois la sûreté de l'état. Il reste pendant tout le temps de son service en tenue et armé de son sabre. Il ne peut donc s'éloigner de son poste sans l'ordre ou la permission formelle du commandant.

S'il est désigné pour faire la corvée du chauffage pour le corps-de-garde, il s'en acquitte en bonnet de police, ne conservant que sa giberne, pour indiquer qu'il est de service.

En cas d'alerte, il court lestement aux armes, se place à son rang, et là attend en silence et avec confiance les ordres supérieurs.

Lorsqu'il est conduit en faction, il doit y marcher militairement, et se faire donner la consigne en présence du brigadier de pose.

En rentrant de faction ou de patrouille, il a le soin d'essuyer fortement ses armes avant de les remettre à leur place.

26. *Consigne du cavalier en faction.*

Le cavalier doit avoir la plus grande attention à exécuter ponctuellement sa consigne, et surtout à ne point l'oublier. Il ne reçoit de consigne que du brigadier, et doit la répéter en sa présence.

Les consignes dépendent en général de la position dans laquelle on se trouve; le cavalier les reçoit du brigadier de son poste, à qui elles ont été transmises par les grades supérieurs et dans la hiérarchie respective.

Voici les devoirs principaux à remplir en faction.

Toute sentinelle est inviolable; d'où il suit qu'elle a le droit d'employer tous les moyens possibles pour se faire respecter et exécuter sa consigne.

Une sentinelle devant les armes a les trois alertes ordinaires, le *bon-dieu*, le *feu* et le *bruit*.

Elle crie *aux armes* pour sa majesté, pour les princes, ministres, maréchaux, gouverneurs, généraux commandant les divisions, lieutenans de roi, etc.

Elle présente les armes à toutes les personnes désignées ci-dessus, ainsi qu'à tous les officiers supérieurs, sans distinction de régiment, préfets, sous-préfets, commissaires ordonnateurs et inspecteurs aux revues.

Elle porte les armes à tous les autres officiers, commissaires des guerres, officiers de santé, chevaliers de Saint-Louis et de la Légion-d'Honneur, lorsqu'ils sont décorés de la croix.

Une sentinelle ne doit aucun honneur après que la retraite est sonnée, ou lorsque les personnes désignées ci-dessus ne sont ni décorées, ni revêtues des marques distinctives de leur grade; seulement, lorsqu'elles passent, elle se place militairement.

Une sentinelle présente les armes et met le genou droit à terre lorsque le S. Sacrement passe à sa portée.

Les sentinelles ne peuvent quitter leurs armes pendant le temps de la faction. Elles n'entrent dans la guérite que lorsque le mauvais temps les y force ; elles doivent alors redoubler de surveillance. Elles en sortent à l'approche d'un officier supérieur ou autre, d'une patrouille, ronde, et généralement de toute troupe armée.

Devant les armes, elle crie *hors la garde* pour rendre les honneurs à une troupe armée. Isolément, elle porte les armes.

Une sentinelle ne peut ni causer, ni lire, ni siffler, ni chanter, ni rien faire de contraire à la position dans laquelle elle se trouve. Elle ne laisse déposer aucune ordure aux environs de son poste, et ne souffre pas qu'on y fasse aucune dégradation.

Après la retraite battue, la sentinelle crie *qui vive*. Elle fait passer à l'écart ceux qui ont répondu, et ne souffre pas qu'on l'approche plus près que quinze pas. Si, après avoir crié trois fois, elle n'entend point de réponse, elle criera *halte-là*, menacera de faire feu, l'exécutera, si on continue de marcher vers elle, ou se mettra sur la défensive avec ses armes blanches, et appellera la garde.

Après que les rondes et patrouilles qu'elle aura reconnues par un *qui vive* auront répondu, elle fera faire *halte*. Si c'est une ronde, elle criera: *Brigadier hors la garde, ronde* (en désignant l'espèce de ronde); si c'est une patrouille : *Brigadier hors la garde, patrouille.*

La sentinelle sur les remparts n'y doit laisser passer, la nuit, que les rondes et patrouilles.

Devant une porte de ville, elle arrêtera, soit de jour, soit de nuit, toute troupe armée au-dessus de quatre hommes, et appellera le brigadier du poste pour la reconnaître.

La sentinelle en faction devant un magasin à poudre n'en doit laisser approcher personne, ni fumer aux environs.

Toutes les autres consignes particulières, dépendant des circonstances, sont données aux sentinelles par les chefs des postes.

27. *Devoirs du cavalier de planton.*

Le cavalier de planton doit être dans une tenue régulière. Il ne peut quitter son poste sans permission. Il doit remplir avec exactitude et diligence les ordres dont il est chargé. Il se comporte avec décence et honnêteté.

Lorsqu'il remet une dépêche à un officier supérieur, et qu'il a une carabine, il doit la placer entre le canon et la baguette, et la lui offrir en présentant l'arme. Dans le cas contraire, il prend la même position que sous les armes, porte la main droite à son casque, schako ou bonnet à poil, en présentant la lettre de la gauche, qu'il replace ensuite sur le côté.

Aussitôt qu'il est relevé, il rentre au quartier, et se montre à son brigadier ou au maréchal-des-logis de semaine, qui doit savoir l'heure de son retour.

28. *Soins du cavalier commandé pour un service à cheval.*

Le cavalier commandé de service à cheval doit mettre ses effets de harnachement dans le plus grand état de propreté. Son cheval doit être sellé et paqueté suivant l'ordonnance, la ferrure en bon état.

29. *Devoirs du cavalier d'ordonnance.*

Le cavalier commandé d'ordonnance doit s'y rendre dans la tenue prescrite, à cheval et avec armes et bagage. Il porte sa dépêche sans s'arrêter et au trot, tant en allant qu'en revenant, à moins qu'il n'ait l'ordre précis d'aller au galop.

Il doit toujours prendre la route la plus courte, remettre sa dépêche aux mains de la personne à qui elle est adressée, s'en faire donner un reçu, qu'il rapporte à celui qui l'a envoyé.

S'il est d'ordonnance auprès d'un général, il doit veiller à sa sûreté, et ne permettre à personne de l'approcher que d'après son agrément. Il a l'attention de tenir son cheval lorsqu'il met pied à terre, et celle de ne pas courir trop près de lui, pour éviter de lui jeter de la boue. Son zèle et sa bonne tenue sont d'autant plus essentiels, qu'ils préviennent en faveur du régiment dont il fait partie.

30. *Attention du cavalier pendant et après son service.*

Le cavalier doit apporter tout le zèle et la bonne volonté possibles à faire exactement son service. Le refus ou la négligence entraînent punition. Pendant sa durée, il doit toujours conserver son sang-froid; l'ivresse pendant le service est punie rigoureusement.

Son premier soin, lorsqu'il descend de service, est de remettre dans le plus grand état de propreté les effets et armes dont il s'est servi.

ARTICLE IV.

INSTRUCTION DU CAVALIER.

31. *Détails de l'instruction du cavalier.*

Outre qu'un cavalier doit savoir essentiellement monter et conduire un cheval, et faire sur cet animal usage de ses armes, ainsi qu'à pied, il doit encore savoir, 1.° lire, écrire et compter; 2.° faire des armes; 3.° nager; 4.° entretenir en bon état de réparation et de propreté ses effets d'habillement, équipement et harnachement; 5.° blanchir sa buffleterie; 6.° démonter et remonter ses armes pour les nettoyer; 7.° seller, charger et paqueter; 8.° faire les crins de son cheval.

32. *Motifs qu'il a pour apprendre à lire, écrire et compter. Moyens qui lui sont offerts.*

Le cavalier ne peut espérer d'avancement qu'autant qu'il possède ces trois connaissances. Il est donc de son intérêt de s'y livrer avec zèle, et il est à même d'y parvenir en fréquentant les écoles établies dans chaque régiment, et qui ont pour but d'offrir aux jeunes militaires des moyens faciles d'instruction.

33. *Utilité de l'escrime.*

Le cavalier, destiné à combattre souvent corps à corps et avec ses armes blanches, a nécessairement un besoin bien réel de s'exercer à les manier avec adresse. L'art de l'escrime lui offre les moyens d'y devenir habile; il développe d'ailleurs son physique, lui donne de la souplesse, et à ses mouvemens de la légèreté et de la précision; il lui rend familier l'usage de son sabre, et lui fait acquérir une assurance qui lui inspire une confiance plus hardie pendant le combat. Les salles d'armes de son régiment sont donc des lieux qu'il doit fréquenter: mais il doit toujours se souvenir qu'il ne lui est permis de se servir de ses armes que pour son prince, la gloire et la défense de son pays, sa vie et son honneur.

34. *Nécessité de savoir nager.*

Le cavalier doit savoir nager, parce qu'il est de son devoir et de son intérêt de se rendre habile dans tous les arts d'exercice. Il peut, dans le cours de son service, se trouver dans la nécessité d'en faire usage. D'ailleurs, il doit lui suffire de savoir que cet art peut le mettre à même de sauver la vie, soit à ses camarades, soit à ses compatriotes. Cette raison seule est assez forte pour le décider à pratiquer cet exercice. L'usage établi dans les régimens de faire baigner les soldats tous les samedis, en été, lui fournit assez d'occasions de s'y exercer.

35. *Comment le cavalier doit entretenir ses effets d'habillement.*

Le cavalier doit avoir le plus grand soin de ses effets d'habillement. Il doit toujours les tenir dans le plus grand état de propreté. Cette qualité est l'âme d'un militaire. Jamais son habillement ne doit être taché ni dépourvu de boutons. Il doit savoir, au besoin, y faire les réparations légères : il est, à cet effet, pourvu d'une trousse garnie de fil, aiguilles, boutons, ligneul, dé, alène, etc. Toutes les fois qu'il s'est servi de quelques effets, il ne les remet en place qu'après les avoir battus et brossés en dehors et en dedans. Il nettoie les boutons à l'aide d'une patience, dont il doit être muni.

36. *Comment il doit entretenir ses effets de harnachement.*

Il doit savoir recoudre les parties de son harnachement qui en auraient besoin. Il doit apprendre à le démonter pour le nettoyer à fond, et savoir le remonter ensuite. Il doit connaître toutes les parties qui le composent.

Chaque fois qu'il descend de cheval, il doit passer l'éponge sur les sangles, poitrail, croupière, étrivières et étriers.

Il passe le mors à l'eau pour en ôter l'écume, et l'essuie ensuite fortement jusqu'à parfaite siccité, avec un chiffon, pour l'empêcher de se rouiller. Il ne le frotte jamais avec la brosse grasse, qui laisserait un goût d'huile capable de dégoûter le cheval.

Lorsqu'il veut graisser toutes les parties en cuir de son harnachement, excepté les rênes et la partie du surfaix qui porte sur la schabraque, parce que les premières graisseraient les gants, et la seconde le pantalon, il doit en démonter toutes les pièces. Il les lave toutes avec une éponge, et après qu'elles sont sèches, il y passe la brosse grasse.

En remontant, il a l'attention de remettre toutes les boucles aux mêmes points, et surtout celles de la bride, qu'il a le soin de frotter pour qu'elles soient luisantes.

37. *Manière de blanchir la buffleterie.*

Quoique dans chaque chambrée le brigadier soit chargé de préparer le blanc pour la buffleterie, il est encore nécessaire qu'un cavalier sache le faire, parce qu'il peut en avoir besoin en route ou en détachement.

On se sert ordinairement de terre de pipe avec un peu de blanc, qu'on délaie dans l'eau pure. Cette eau doit être jetée environ un quart d'heure après, lorsque la terre de pipe s'est déposée, après avoir été dégagée des parties âcres qui restent en dissolution dans l'eau. On remplace cette eau par une autre dans laquelle on a fait fondre une quantité suffisante de savon. Le blanc ainsi préparé, le cavalier, pour s'en servir, démonte sa buffleterie; il ôte tous les ornemens, tels que passans, grande et petite plaques. Il passe sur les banderoles une éponge imprégnée de blanc, qu'il étend également partout en y passant le bras nu. Il les laisse ensuite sécher. Il en fait autant au ceinturon et à la dragonne. Il nettoie ensuite toute la cuivrerie avec le plus grand soin. Il cire sa giberne avec de la cire propre à cet usage, qu'il étend avec un fer à cirer, et qu'il frotte ensuite fortement avec un chiffon en laine jusqu'à ce qu'elle soit bien brillante.

Il remonte sa buffleterie, qu'il a soin de reboucler aux mêmes points. Il fixe les grande et petite plaques au moyen de fil gros ou de fil de laiton, afin d'éviter de les perdre.

Il nettoie la cuivrerie avec du tripoli légèrement imbibé de vinaigre.

Il ne faut jamais passer de la pierre ponce sur

la buffleterie, sous le prétexte d'ôter les taches. On la gratte fortement avec un vieux couteau, et on la lave souvent avec de l'eau tiède. Lorsqu'on a répété cette opération plusieurs fois, les taches disparaissent. Il faut se garder d'employer de l'eau trop chaude, parce qu'elle peut faire raccourcir la buffleterie.

38. *Comment le cavalier doit nettoyer ses armes.*

Le cavalier doit avoir le plus grand soin de ne pas laisser rouiller ses armes, parce qu'on ne les repolit qu'au détriment des pièces rouillées et en enlevant leur première surface, ce qui les affaiblit plus ou moins.

Une arme polie se conserve facilement dans cet état; il suffit de l'essuyer fortement avec un chiffon de laine après qu'on s'en est servi. En route, il convient d'employer une pièce grasse.

Pour faciliter le jeu des pièces de la platine, il faut avoir soin de tenir toujours humectée d'huile la partie du ressort de batterie sur laquelle frotte le pied de batterie, et celle de la noix sur laquelle appuie la griffe du grand ressort. Sans cette précaution, ces pièces se dégradent promptement.

Lorsque les armes sont ternies ou rouillées, on emploie de l'émeri humecté d'huile d'olive, dont on frotte chaque pièce avec un morceau de bois tendre. On fouille dans les angles et sinuosités avec des curettes ou spatules en bois.

A défaut d'émeri, on peut se servir, pour enlever la rouille, de brique brûlée, pilée très-fin et tamisée, également imbibée d'huile.

Il est défendu au cavalier d'employer le grès pilé, et surtout le sable fin.

Le canon de la carabine ou du pistolet doit être lavé intérieurement lorsque l'on a tiré avec. On attache pour cela un chiffon au bout du tire-balle, que l'on a vissé sur la baguette, et on le promène dans le canon après qu'on l'a rempli d'eau chaude. On doit avoir ensuite le plus grand soin de le bien essuyer intérieurement et extérieurement, et de le faire sécher auprès du feu ou au soleil : chaque partie d'eau qui séjourne sur le fer y occasionne promptement une tache de rouille.

Comme on ne peut pas bien redresser un canon qui est faussé, le cavalier doit avoir attention de faire porter la partie sur laquelle il frotte, et ne jamais le faire soutenir par ses deux extrémités.

Toutes les pièces d'armes en fer, après avoir été nettoyées, doivent être essuyées avec un chiffon gras, de manière à ce qu'il n'y reste point d'émeri, et qu'elles conservent une légère onctuosité.

Les pièces en cuivre se nettoient avec du tripoli ou de la brique pilée et du vinaigre. Les substances grasses agissent sur le cuivre et le couvrent de vert-de-gris.

Il faut qu'un cavalier apporte tous ses soins à démonter et remonter ses armes : les vis forcées gênent le jeu des pièces et se trouvent dégradées. D'ailleurs, entretenant son arme avec propreté, il a rarement besoin de la démonter entièrement. Il lui suffit d'ôter les garnitures, la platine et le canon de dessus le bois, le chien de dessus la platine, et il peut nettoyer ainsi ces pièces sans les démonter. Il doit, en ôtant la sougarde et la détente, éviter de dégrader le bois en chassant les goupilles qui les tiennent.

Pour nettoyer une platine, il est rarement besoin de démonter le bassinet. On ne doit jamais déculasser un canon de carabine ou de pistolet; cette opération ne peut être bien faite que par un armurier.

39. *Manière de démonter une carabine et un pistolet que l'on veut nettoyer à fond.*

D'abord la baguette, les deux grandes vis, le porte-vis, la platine, la goupille du battant de sougarde, la goupille de la détente, le pontet, la détente, l'embouchoir, la capucine, la vis de culasse, la vis de l'écusson, l'écusson, le canon, et la culasse.

On doit remonter la carabine dans l'ordre inverse, c'est-à-dire, la culasse, le canon, l'écusson, la vis de l'écusson, la vis de la culasse, la capucine, l'embouchoir, la détente, le pontet, la goupille de la détente, la goupille du battant de sougarde, la platine, le porte-vis, les deux grandes vis, et la baguette.

40. *Ordre suivant lequel on doit démonter et remonter la platine avec le monte-ressort.*

La vis du ressort de gachette (il faut faire lever le ressort de façon que le pivot puisse sortir de son encastrement avant que la vis soit entièrement hors de son trou), le ressort de la gachette, la vis de la gachette, la gachette, la vis de bride, la bride, la vis de noix, la noix (pour la faire sortir du carré du chien, il faut la repousser avec un poinçon qui entre facilement dans le trou destiné à recevoir sa vis), le chien (il tombe de lui-même, la noix étant ôtée), la vis du grand ressort, le grand ressort, la vis de batterie (on l'ôte à l'aide d'une pression qu'on fait sur le ressort avec le monte-ressort), la batterie, la vis du ressort de batterie, le ressort de batterie, la vis du bassinet, le bassinet, la vis du chien, la mâchoire.

On remonte la platine en commençant par le bassinet, la vis du bassinet, le ressort de batterie, la vis du ressort de batterie, la batterie, la mâchoire, la vis du chien, le grand ressort, la vis du grand ressort, la noix, le chien, la vis de noix, la vis de la bride de noix, la gachette, la vis de gachette (la gachette doit être libre lorsque cette vis est remontée à fond; il doit en être de même par rapport à celle de batterie), le ressort de gachette, la vis du ressort de gachette.

Avant de replacer les vis, il faut avoir l'attention de mettre une petite goutte d'huile à chaque trou, ou sur l'extrémité de chaque tige. Il faut avoir la même précaution pour les trous qui reçoivent l'axe et le pivot de la noix. Lorsque la platine est remontée, la même opération doit avoir lieu sous les branches mobiles des ressorts et sur la griffe de la noix. Il faut s'assurer si toutes les pièces de la platine rôdent bien.

41. *Manière de nettoyer le sabre.*

Les parties en cuivre du sabre doivent être nettoyées avec du tripoli ou de la brique pilée, tamisée, et imbibée de vinaigre ou d'eau-de-vie, comme pour les autres parties en cuivre de l'équipement.

La lame et le fourreau doivent l'être avec de l'émeri ou brique pilée et tamisée, imbibée d'huile. Le cavalier se sert d'une curette en bois blanc pour frotter dans les angles que forment les bélières et le traîneau. Il les essuie fortement avec un chiffon de laine, et a soin de ne pas les rayer.

En frottant la garde ou la lame, le cavalier aura la plus grande attention de ne point forcer la soie dans la poignée.

42. *Manière de nettoyer la cuirasse.*

Elle exige des soins particuliers. Avant de la nettoyer, il faut ôter les fraises, les épaulières, et les courroies de ceinture. On commence toujours par se servir de brique pilée et tamisée, ou d'émeri imbibé d'huile, que l'on fait agir sur la cuirasse au moyen d'une curette de bois blanc, ayant l'attention de frotter toujours de haut en bas, et jamais de droite à gauche, pour ne pas la rayer. Lorsque les taches sont enlevées, on l'essuie fortement avec un chiffon; ensuite elle doit être polie avec un polissoir d'acier, que l'on passe légèrement sur toute la cuirasse, et toujours dans le sens du haut en bas.

Elle doit être ensuite poudrée avec de la craie ou blanc d'Espagne pilé, et fortement frottée avec un chiffon de laine bien sec et propre.

Les parties en cuivre sont nettoyées avec du tripoli et de l'eau-de-vie.

Les fraises sont battues et brossées, les galons lavés et blanchis.

Toutes les cuirasses qui seraient faussées ou recourbées aux extrémités ou aux angles ne peuvent être redressées qu'en les appuyant sur un mandrin de bois ou sur un étau, et en les frappant avec un maillet de buis. Cette réparation ne peut être bien faite que par un armurier (1).

(1) Pour que le poids de la cuirasse n'incommode pas le cavalier, il faut qu'elle ne presse pas trop la poitrine. Les courroies de ceinture doivent être serrées fortement, ce qui répartit le poids de la cuirasse sur tout le corps de l'homme ; au lieu que, dans le cas contraire, toute la pesanteur porte sur les deux os appelés *clavicules*, situés à la partie supérieure et latérale de la poitrine, et gêne la respiration.

Les cuirasses doivent être en proportion de la taille de l'homme. Trop longues, elles gêneraient ses actions, le blesseraient au menton lorsqu'il voudrait se baisser, et porteraient sur les pommeaux de la selle. Trop courtes, elles ne garantiraient pas le haut de la poitrine du coup de pointe ou du coup de feu de l'ennemi. Trop étroites, elles le serreraient trop fortement,

43. *Manière de nettoyer le casque.*

Toutes les fois qu'il ne s'agit que d'entretenir la propreté du casque, il peut être nettoyé sans être démonté. Toutes les parties en cuivre le sont toujours avec de la brique pilée ou du tripoli imbibé d'eau-de-vie. En frottant le cimier, on range la chenille avec la main, afin de ne pas la salir. Si la bombe est en cuivre, elle se nettoie de la même manière; si elle est en fer, on emploie la brique pilée et tamisée, ou l'émeri imbibé d'huile. On a toujours l'attention de frotter du haut en bas, et le soin de ne pas la rayer, ni salir le turban. La chenille doit être peignée, et le turban brossé. Les mentonnières se nettoient comme toutes les parties en cuivre.

Pour nettoyer le casque à fond, on démonte la chenille, le cimier, et les mentonnières; mais rarement on sépare le turban de la bombe. On nettoie chacune de ces parties séparément, comme nous venons de le dire. Si la chenille avait pris un mauvais pli, on la redressera facilement en l'enveloppant entre des linges humides.

---

et gêneraient sa respiration. L'entournure des épaules doit être assez grande pour que les mouvemens des bras conservent toute leur liberté.

44. *Manière de seller pour la grosse cavalerie.*

Après avoir plié la couverte en quatre, le cavalier la place sur le dos du cheval en la passant par-dessus la croupe. Il la fait glisser deux ou trois fois sur le dos pour unir le poil.

Il prend alors la selle de la main gauche à l'arcade de l'arçon, maintenant la croupière avec le pouce de la même main; la droite se place au troussequin. Il la pose doucement sur le dos du cheval, en l'amenant du côté de la croupe, pour ne pas l'effrayer.

Il passe la main gauche sur le dos du cheval, le long des panneaux, pour ôter les contre-sanglons ou autres parties en cuir. Il se place derrière le cheval, prend de la main gauche la queue, dont il tortille les crins autour du tronçon, saisit la croupière de la main droite, tire la selle un peu en arrière, pour avoir la facilité de passer la queue dans le culeron, dont il aura soin de dégager tous les crins qui pourraient blesser le cheval.

S'il y a une boucle à la croupière, il la débouclera, passera le culeron sous la queue, le rebouclera, et aura soin de dégager également les crins.

Il passe ensuite au côté hors montoir, soulève la selle pour la porter en avant. Il rabat les sangles, le poitrail, les étriers et le surfaix. Il passe la première sangle dans l'œillet du poitrail. Revenu au côté montoir, il sangle son cheval : il observe de ne pas serrer autant la seconde sangle que la première et le surfaix. Il boucle le poitrail.

La selle doit être au milieu du dos. Trop en avant, elle gêne le mouvement des épaules. Trop en arrière, elle peut blesser le cheval sur le rognon. Le haut de l'arcade ne doit pas porter sur le garrot ; il faut l'intervalle de trois doigts entre sa partie supérieure et l'arcade, et entre l'extrémité antérieure des panneaux et le défaut des épaules. Le poitrail doit être au-dessus de la pointe des épaules, et bouclé dans son milieu. La croupière ne doit pas être tendue, pour ne pas blesser le cheval sous la queue.

45. *Manière de brider dans la grosse cavalerie.*

Le cavalier, la bride sur le pli du bras gauche, doit se placer du côté montoir, déboucler le licol, dégager la tête de la muserolle, et reboucler le licol sur le cou pour contenir le cheval. Si le licol-bridon est en usage, il ne l'ôtera point ; il passe de suite les rênes du filet et de la bride sur le cou du cheval. Il prend alors la bride par le dessus de tête avec la main droite, les ongles en dessous. Il porte la main gauche au mors, qu'elle saisit par dessus la bossette. Il appuie le pouce gauche sur la barre du cheval pour lui faire ouvrir la bouche, dans laquelle il place à la fois les mors de bride et de filet. Il fait passer les oreilles du cheval entre le frontal et le dessus de tête, en commençant par engager l'oreille droite. Si le licol-bridon existe, il engage de suite le bouton du licol dans la boutonnière placée au dessus de tête. Après cela, il boucle la muserolle, ensuite la sougorge, dégage les crins du toupet, et accroche la gourmette, qu'il saisit avec le pouce et le premier doigt de la main droite; de la gauche il prend le crochet par-dessus la bossette, ayant soin d'avancer la branche pour avoir la facilité d'accrocher la gourmette.

Le cheval est bien bridé quand les boucles du montant de la sougorge et du filet du côté montoir forment la patte d'oie. La sougorge ne doit point être serrée de manière à gêner la respiration. La muserolle doit l'être assez pour empêcher le cheval de bâiller. Les montans de la bride doivent couvrir ceux du filet, et être en arrière des os des tempes. Le mors du filet doit être engagé au-dessus de celui de la bride, et jamais au-dessous. Celui de la bride ne doit être ni trop large, ni trop étroit : dans le premier cas, il serait sans effet; dans le second, il gênerait le cheval et pourrait le blesser. La liberté de langue proportionnée à la grosseur de la langue, qui doit pouvoir s'y loger facilement ; les canons proportionnés à la grosseur des barres, c'est-à-dire minces, si elles sont charnues, et gros, si elles sont maigres. La gourmette, tournée sur son plat, doit être placée dans le creux du menton; elle ne doit être ni trop longue, ni trop courte. Les branches du mors, dans leur plus grand effet, ne doivent pas se rapprocher du poitrail du cheval plus près qu'un pouce et demi, partant de la ligne droite du mors.

46. *Comment doit être roulé le manteau-capote dans la grosse cavalerie.*

Le manteau sera étendu sur le revers de l'étoffe, les manches le long des grands côtés. Chaque grand côté sera replié sur le milieu, de manière que les pointes se touchent, et que le manteau forme un carré long ayant 1 mètre 80 millimètres de largeur, ou 5 pieds et demi.

On commencera par rouler le collet en serrant fortement jusqu'au bas du manteau, qu'on aura replié d'environ 160 millimètres, ou six pouces. Il sera serré de manière à n'avoir que 4 pouces de diamètre, ou 108 millimètres. On l'attache aux deux bouts pour le maintenir roulé.

47. *Manière de placer les effets dans le porte-manteau pour la grosse cavalerie.*

Les deux chemises, dépliées, sont placées en long dans le porte-manteau; ensuite le pantalon de tenue, retourné et plié en deux, et le caleçon de toile, plié et placé de la même manière. Le bonnet de nuit, les bas, mouchoirs et cravates seront placés dans les coins. La veste d'écurie, le pantalon de treillis sont placés entre le porte-manteau et son couvercle, ainsi que le bonnet de police. Les souliers et les effets de petit équipement sont mis dans le couvercle. Les effets désignés ci-dessus sont les seuls qui doivent entrer dans le porte-manteau, dans la crainte de blesser le cheval.

48. *Manière de charger le cheval dans la grosse cavalerie.*

Le cavalier étend les courroies de charge sur la croupe du cheval, de manière que celles des côtés soient croisées, et celle du milieu placée par-dessus. Il pose le porte-manteau sur le coussinet, et veille à ce qu'il ne penche d'aucun côté. Il commence par serrer fortement la courroie du milieu, ensuite les deux autres. Il a soin que le porte-manteau soit bien à plat et ne fasse pas de plis, que les boucles soient sur la même ligne et à une distance égale. Le pistolet se place dans la fonte gauche. Le manteau est attaché sur le devant de la selle par les lanières qui s'y trouvent, avec les musettes, contenant, l'une les effets de pansage, et l'autre le sac à distribution enveloppant les rênes et le mors du licol-bridon, ou le bridon d'abreuvoir, si le premier n'est pas en usage. L'avoine et le pain, dans un sac à ce destiné, sont placés sous le porte-manteau. Les musettes et les bouts du manteau ne doivent pas dépasser les fontes.

La corde à fourrage, tortillée, sera fixée sous la housse, du côté hors montoir, à la courroie du porte-fer.

49. *Manière de débrider dans la grosse cavalerie.*

Le cavalier commence par décrocher la gourmette, déboucler la muserolle et la sougorge, avancer les rênes de la bride et du filet auprès du dessus de tête, qu'il fait passer par-dessus les oreilles pour ôter la bride. Il la passe dans le bras gauche pour mettre au cheval le licol, qu'il doit tenir tout prêt, dans le cas où le licol-bridon ne serait point encore en usage.

Il place les rênes du filet sous le dessus de

tête; il fait un tour au-dessous du frontal avec les rênes de la bride, dont il passe l'extrémité entre le frontal et le dessus de tête pour pouvoir l'accrocher.

50. *Comment l'on doit desseller dans la grosse cavalerie.*

Le cavalier commence par ôter le manteau et le porte-manteau; il roule les courroies et les lanières qui ont servi à les attacher; il met les étriers au porte-étrier. Lorsqu'il veut desseller, il déboucle le poitrail, le surfaix, la première sangle, qu'il dégage de l'œillet du poitrail, et ensuite la seconde sangle. Il recule la selle pour dégager la queue de la croupière, qu'il place par-dessus la selle après qu'il a relevé les sangles et le poitrail. Il soulève la selle en la tirant à lui, passe le bras gauche sous les panneaux, et la transporte à sa place. Il a l'attention de ne relever les sangles sur la selle que lorsqu'elles ont été nettoyées.

51 *Manière de seller pour la cavalerie légère.*

Après avoir plié en neuf la couverture de laine, le cavalier la place sur le dos du cheval, les liserés du côté hors montoir. Il la passe par-dessus la croupe du cheval, et la fait glisser une ou deux fois sur le dos pour en unir le poil.

Il prend la selle à l'arcade de devant avec la main gauche, dont le pouce contient la croupière, la main droite à l'arcade de derrière ; il la pose doucement sur le dos du cheval, en l'amenant du côté de la croupe. Il passe la main gauche entre les lames et la couverture pour en retirer toutes les pièces en cuir. Il a le soin de la mettre un peu en arrière pour avoir la facilité d'engager la croupière.

Il passe derrière le cheval, prend la queue de la main gauche, en tortille les crins autour du tronçon, l'engage dans la croupière, qu'il amène avec la main droite, et dégage tous les crins qui pourraient blesser le cheval.

Il passe ensuite au côté hors montoir, soulève la selle pour la porter en avant, rabat les étriers, le poitrail, la sangle et le surfaix, engage les deux derniers dans l'œillet de la fausse martingale, revient au côté montoir, sangle le cheval de la main gauche, ayant soin de porter la droite à la palette de derrière pour empêcher la selle de tourner. Il fixe les ronds de fonte, boucle le poitrail, rabat les coins de la schabraque sur les fontes, les fixe avec la courroie de guindage, et boucle le poitrail.

Il faut que la selle soit bien au milieu du dos. Trop en avant, elle gêne le mouvement des épaules. Trop en arrière, elle peut blesser le cheval sur le rognon. L'arcade de devant doit être assez éloignée du garrot pour que la main puisse passer entre les deux. L'extrémité antérieure des lames de l'arçon doit être à trois doigts du défaut de l'épaule, le poitrail au-dessus de la pointe des épaules, le cœur en cuivre au milieu du poitrail du cheval, la croupière tendue de manière à ce qu'elle ne puisse pas blesser le cheval sous la queue, et que la fausse martingale n'ait qu'un pouce de jéu.

52. *Manière de brider dans la cavalerie légère.*

On bride un cheval, dans la cavalerie légère, de la même manière que dans la grosse cavalerie (*Voyez* le n.° 45).

53. *Comment doit être roulé le manteau-capote dans la cavalerie légère.*

De la même manière que celui de la grosse cavalerie (*Voyez* le n.° 46).

54. *Comment doivent être placés les effets dans le porte-manteau de cavalerie légère.*

Les deux chemises, dépliées, sont placées en long dans le fond du porte-manteau; ensuite le pantalon de tenue, retourné et plié en deux, et le caleçon de toile plié et replacé de la même maniére ; par-dessus, le pantalon de treillis et le bonnet de police ; les cravates et mouchoirs dans les coins ; la brosse à habit et la trousse dans le couvercle du porte-manteau.

Les bottes sont placées sous le couvercle, les tiges vis-à-vis l'une de l'autre, les pieds pliés, la semelle en dessus, les éperons recouverts par les cache-éperons cousus par leurs courroies au milieu du porte-manteau, pour empêcher les bottes de se séparer et de se perdre.

Les effets ci-dessus sont les seuls qui doivent entrer dans le porte-manteau.

55. *Manière de charger le cheval de cavalerie légère.*

Le gilet d'écurie, plié en deux, sera placé, dans le sac à distribution, sous le porte-manteau, de manière à ce qu'il ne le dépasse d'aucun côté. Le cavalier étendra les courroies du porte-manteau sur la croupe du cheval, celles des côtés croisées, et celle du milieu par-dessus. Il placera le porte-manteau bien droit, serrera la courroie du milieu, dans laquelle il ne prendra pas le sac à distribution ; ensuite les deux autres, ayant soin que les boucles soient sur la même ligne et à une distance égale. Le gilet d'écurie, dans le sac, sera seulement maintenu par les deux courroies de côté, ce qui donne du jour au-dessus des rognons, et empêche de blesser le cheval.

Les deux musettes, fixées par leurs courroies à la palette de la selle, seront attachées sur les fontes par les lanières des ronds de fonte, au-dessous du manteau, que ces lanières fixeront en même temps. Les musettes et les extrémités du manteau ne devront jamais dépasser les fontes, et doivent être cachées par les coins de la schabraque.

La musette de gauche contiendra les effets de pansage, les boîte et brosse grasses; celle de droite, les rênes et le mors du licol-bridon, ou le bridon d'abreuvoir, si le premier n'est pas en usage. L'avoine et le pain seront mis dans un sac à ce destiné, fixé au-dessous du porte-manteau.

Au côté gauche et dans la courroie du porte-fer sera fixée la corde à fourrage, tortillée en rond et attachée de manière à ce qu'on puisse l'ôter sans rien déranger.

Le pistolet dans la fonte gauche.

La carabine du côté hors montoir, le bout du canon dans le porte-canon, la crosse en l'air, maintenue par une courroie fixée à la palette, et bouclée autour de la poignée. La batterie doit être tournée en dehors.

56. *Comment l'on débride dans la cavalerie légère.*

De la même manière que dans la grosse cavalerie (*Voyez* le n.° 49).

57. *Manière de desseller dans la cavalerie légère.*

Le cavalier commence par déboucler le poitrail, le surfaix et la sangle, qu'il dégage de l'œillet de la fausse martingale. Il relève ensuite les coins de la schabraque, ainsi que la courroie de guindage, le surfaix, la sangle, le poitrail et les étrivières, qu'il croise. Il a eu le soin de nettoyer toutes ces parties avant de les relever. Il porte la selle un peu en arrière pour pouvoir ôter la croupière. Il enlève la selle de la même manière qu'il l'a placée. Il ôte ensuite la couverture, qu'il amène sur la croupe du cheval; il la plie en deux, de manière que la partie qui a posé sur le dos soit en dehors pour qu'elle puisse sécher; il la pose sur la selle, la contient au moyen de la croupière qu'il croise par-dessus, et dans le culeron de laquelle il passe la lanière du manteau pour avoir la facilité de transporter la selle.

58. *Manière de faire les crins aux chevaux.*

Lorsqu'il a été ordonné de les faire, le cavalier s'y prend de la manière suivante: il coupe les crins, sur le dessus de la tête, de la largeur qui doit être recouverte par le dessus de tête de la bride. Il dégarnira la crinière, si elle est trop épaisse, en la crêpant avec son peigne; il le tortille dans les crins qui dépassent pour pouvoir les arracher. Il emploie le même moyen pour le toupet.

Il coupe tous les poils intérieurs des oreilles de manière à ce qu'aucun coup de ciseau ne paraisse en dehors.

Il fait ensuite le crin des jambes, en ayant soin de le couper de haut en bas, bien également, et sans qu'on aperçoive de coups de ciseau. Il ne coupe jamais rien autour de la couronne.

Il arrache les grands poils de la ganache, du tour des yeux, et en hiver de la partie inférieure du col et du poitrail; il est défendu de les brûler.

Quant à la queue, il ne doit jamais y toucher; ce sont les sous-officiers qui doivent la couper, pour l'uniformité du régiment.

ARTICLE V.

DES DEVOIRS GÉNÉRAUX.

59. *Comment le cavalier doit rendre les honneurs à ses supérieurs.*

Le cavalier doit à ses chefs une obéissance passive. Il ne lui est, sous aucun prétexte, permis de faire des observations ou réclamations qu'il n'ait au préalable exécuté l'ordre qui lui aurait été donné. De cette obéissance dépendent l'exactitude et la sûreté du service. Il doit cette obéissance à tous les grades, en commençant par le brigadier, pour tout ce qu'il peut lui commander, soit pour le service, soit pour la tenue des chambres, corvées, etc.

Un cavalier qui rencontre un officier général, le commandant de la place, le colonel, ou l'officier supérieur qui commande le régiment en son absence, doit s'arrêter, faire front, se placer comme sous les armes, et rester dans cette position jusqu'à ce qu'il soit dépassé. Cette manière de les saluer a pour but, non-seulement de leur rendre honneur, mais encore de se soumettre à leur inspection.

Il salue sans s'arrêter et en portant la main droite au casque, bonnet ou schako, tout autre officier, soit de son régiment, soit d'autres corps, soit de l'état-major; les inspecteurs aux revues, commissaires des guerres, officiers de santé, sous-officiers et brigadiers.

Il doit se décoiffer et tenir son bonnet de police à la main, qu'il descend à la hauteur du jarret, en parlant à un officier.

S'il est coiffé d'un bonnet à poil, casque ou schako, il ne doit jamais se découvrir, dans quelque circonstance que ce soit. Il lui suffit d'y porter la main en parlant à un officier, et de l'y maintenir jusqu'à ce qu'il ait ordonné de la retirer.

Tout cavalier assis se lève pour saluer un officier.

Lorsqu'un officier-général, le colonel, un officier supérieur du régiment, un inspecteur ou sous-inspecteur aux revues, un commissaire ordonnateur ou ordinaire des guerres, entrent dans une chambre, le cavalier, au commandement du brigadier, se lève, se met au pied de son lit, à la place qu'il y occupe, se découvre, s'il est en bonnet de police, ou porte la main droite à sa coiffure, et garde l'immobilité jusqu'au commandement de *repos*.

Il doit saluer également tout fonctionnaire public civil revêtu de ses marques distinctives.

En général, le cavalier doit être honnête envers tout le monde. La politesse et l'urbanité, en annonçant une certaine éducation, préviennent en sa faveur, et donnent une bonne opinion du corps auquel il appartient.

60. *Fautes qui entraînent punition.*

Le cavalier doit éviter toutes les occasions de se faire punir : les punitions réitérées, quoique légères, annoncent toujours négligence ou mauvaise conduite.

Les murmures, les mauvais propos, le défaut d'obéissance, l'infraction des punitions ordonnées, l'ivresse, le dérangement de conduite, les querelles avec ses camarades ou avec des citoyens, les duels, le manque aux appels, à l'instruction, aux revues et inspections, les contraventions aux ordres, toute faute contre le service militaire provenant de négligence, paresse ou mauvaise volonté, sont réprimés par les soins des supérieurs des régimens, qui infligent en conséquence les punitions méritées.

Le refus formel d'obéissance, les menaces ou voies de fait contre les supérieurs, les clameurs séditieuses, la rébellion, la violation ou révélation du mot d'ordre, la trahison, l'espionnage, la désertion, l'assassinat, le vol, le viol, et toute action réputée crime, sont du ressort des conseils de guerre, qui prononcent toujours ou la mort, ou une peine infamante.

61. *Des différentes tenues dans lesquelles doit se mettre le cavalier.*

Le cavalier doit toujours se conformer, pour sa tenue, à l'ordre donné par le commandant du régiment. Sa tenue de rigueur commence à dix heures du matin; de ce moment jusqu'au soir il ne peut plus sortir sans être coiffé de son bonnet à poil, casque ou schako, et armé de son sabre. (*Voyez* le Règlement provisoire sur le service intérieur des troupes à cheval.)

Pour tous les travaux de la chambre et la promenade des chevaux, le cavalier garde sa tenue d'écurie, ainsi qu'aux corvées, salle de police, etc.

Les cavaliers qui peuvent se procurer des vestes, gilets ou culottes à leur compte, doivent en solliciter l'autorisation auprès du capitaine-commandant, qui détermine la qualité. Tous ces effets doivent être conformes à l'uniforme du régiment.

62. *Comment les effets du cavalier doivent être placés dans la chambre.*

Le cavalier doit remettre en état tous ses effets

d'habillement, équipement, armement et harnachement, chaque fois qu'il les a dérangés. Ils doivent toujours être disposés de manière à ce qu'il puisse monter lestement à cheval, si l'occasion s'en présentait.

Le nom de chaque cavalier est inscrit à la tête de son lit, à la place de ses pistolet, carabine, sabre, cuirasse, bottes, etc.

Son porte-manteau, toujours fait et fermé, et prêt à charger, est placé sur la première planche de son lit.

Le manteau, plié, est posé sur la même planche, par-dessus le porte-manteau.

Les habits et vestes, pliés en deux, la doublure en dehors, sont placés sur la même planche, au-dessous du porte-manteau.

La schabraque et la housse placées de la même manière, s'il n'y a qu'une planche, et sur la supérieure, s'il y en a deux.

Les bonnets à poil, casques ou schakos sur la planche supérieure.

Les cuirasses sur des planches, ou accrochées à des chevilles établies à cet effet; elles ne sont hors de leur sac que pour la visite d'un officier général, du colonel, lieutenant-colonel ou chef d'escadron commandant le régiment par intérim. Chaque cuirassier découvre individuellement la sienne lorsqu'un officier l'ordonne.

Les mousquetons ou carabines placés au râtelier d'armes, et les pistolets suspendus à des clous attachés à une tringle en bois, les chiens abattus et garnis de leurs pierres.

Les gibernes suspendues par leur banderole à des chevilles établies à cet effet; le sabre suspendu par son ceinturon au-dessous de la giberne.

La bride accrochée à l'endroit désigné.

Les bottes placées au-dessous de la bride.

Les ustensiles d'écurie dans la musette, accrochée à un clou entre le mur et la tête du lit.

Le linge sale sous la patte du porte-manteau; il ne doit jamais être mis entre la paillasse et le matelas.

La selle ne doit jamais être dans la chambre, à moins d'impossibilité de la mettre ailleurs; ordinairement elle est placée dans les corridors.

Le cavalier, dans sa chambrée, doit toujours placer ses effets de la même manière que ceux de son brigadier, qui a dû voir la chambre de modèle, et par conséquent les dispose convenablement par rapport aux localités.

63. *A quels travaux est consacré le samedi.*

Le samedi est consacré aux travaux de propreté. C'est principalement pendant ce jour que le cavalier, sous la surveillance des officiers et sous-officiers de semaine, remet tous ses effets en général dans le meilleur état de propreté, en employant le mode de nettoiement que nous avons indiqué au n.° 35 et suivans.

64. *Soins du cavalier pour l'inspection du dimanche.*

Les chefs de corps passant l'inspection de leur régiment tous les dimanches, le cavalier doit, après le pansage du matin, faire son lit le plus proprement possible, placer tous ses effets dans l'ordre indiqué ci-dessus, et se raser ou se faire raser. Il se met ensuite dans la tenue ordonnée; il passe en cet état à l'inspection du brigadier de chambrée, de celui de semaine, du maréchal-des-logis et de l'officier de semaine. A la sonnerie de l'assemblée, il descend pour se rendre au rassemblement de l'escadron.

Lorsqu'il est dans le rang, et que l'officier qui passe l'inspection arrive devant lui, après qu'il a commandé l'inspection des armes, il doit, sans commandement, faire haut les armes, tournant la batterie de sa carabine en dehors pour la soumettre à l'inspection. Quand cet officier l'a dépassé, et qu'il est vis-à-vis du deuxième homme à sa gauche, il remet la baguette également sans commandement.

S'il n'a que son sabre, il fera haut le sabre, tournant les deux plats de la lame en dehors l'un après l'autre. Quand l'officier l'a dépassé, il replace son sabre à l'épaule.

Après que les rangs sont rompus, il remonte dans sa chambre; si le colonel y passe l'inspection, il se place comme il est dit au dernier paragraphe du n.° 59.

ARTICLE VI.

DEVOIRS DU CAVALIER EN ROUTE.

65. *Devoirs qu'un cavalier a à remplir le jour de marche.*

Le cavalier en route a la plus grande attention de ne jamais entrer dans l'écurie trop matin, parce qu'il empêcherait son cheval de reposer. Il suffit qu'il lui donne à déjeuner deux heures avant celle fixée pour monter à cheval. Pendant ce temps, il le panse, le fait boire, lui donne l'avoine, le selle et le charge.

Lorsque le trompette sonne à cheval, il le bride,

et se rend au pas au lieu du rendez-vous de l'escadron.

Il veille, en sellant son cheval, à placer la selle de manière à ce qu'elle ne puisse le blesser. Il faut que le porte-manteau soit attaché bien droit, que la charge sur le devant ne soit pas plus lourde d'un côté que de l'autre, ce qui ferait pencher la selle, et pourrait blesser le cheval sur le garrot.

Pendant la route, il doit se tenir bien droit, ne pas dormir à cheval, prendre garde aux atteintes, marcher continuellement derrière son chef de file, et avoir soin de rester toujours à sa distance, pour ne pas faire à tout instant trotter son cheval, qui se fatigue alors plus qu'en marchant à une allure réglée.

A chaque halte, il doit examiner si la charge est bien attachée, si son cheval a besoin d'être ressanglé. En mettant pied à terre et en remontant à cheval, il doit prendre garde à faire tourner la selle. S'il éprouve des besoins d'une halte à l'autre, il met pied à terre, donne son cheval à conduire à son camarade, et rejoint à pied.

Arrivé au lieu d'étape, il met pied à terre pour se rendre à son logement, conduit d'abord son cheval à l'écurie, le débride, relève les étriers, ôte la charge, dégage la queue de la croupière, et relâche un peu la sangle. Il attache son cheval au râtelier, pour lui ôter les moyens de se rouler avec la selle. Il porte ensuite ses effets et ses armes dans son logement, se met en tenue d'écurie, et se rend au fourrage.

Il le rapporte à l'écurie, donne à manger à son cheval, et le soigne convenablement. Il ne le desselle jamais tant qu'il a chaud, afin d'éviter qu'il lui survienne des cors, ou, au plus tôt, trois heures après l'arrivée. En dessellant, il lave avec l'éponge les sangles, les étriers, et généralement toutes les parties en cuir qui sont crottées; il les laisse sécher avant de les replier sur la selle.

Après qu'il a dessellé, il examine si son cheval n'est point blessé, s'il a besoin d'être ferré, et en rend compte au brigadier ou maréchal-des-logis de semaine.

Il panse ensuite son cheval avec soin, le fait ferrer, ou remettre des clous, si cela est nécessaire.

Il approprie ensuite tous ses effets et armes.

66. *Devoirs envers l'habitant.*

Le cavalier doit se présenter honnêtement chez son hôte : il doit savoir que c'est le seul moyen d'être bien reçu : il donne par là une bonne opinion de lui-même, et dispose en sa faveur l'habitant chez lequel il est logé.

Il n'a rien à exiger de lui que la place au feu pour faire cuire sa soupe, et un lit pour deux. Le gouvernement entend, en lui donnant une solde, qu'elle serve à sa subsistance. Lorsque son hôte a pour lui quelques honnêtetés, elles sont ordinairement la suite de ses bons procédés.

67. *Occupations pendant le séjour.*

Le cavalier doit s'occuper, pendant chaque séjour, au nettoiement à fond de ses effets d'habillement, équipement, armement et harnachement; il doit les remettre tous dans le plus grand état de propreté, blanchir sa buffleterie, et graisser son harnachement, ce qui ne le dispense pas de blanchir sa buffleterie chaque jour, après l'arrivée. En général, il doit être toujours prêt à passer la revue.

Il profite également de ce jour pour faire blanchir son linge.

Il doit panser son cheval plus long-temps et avec plus de soin que les jours de marche. S'il a besoin d'être ferré, il doit s'en occuper. Si la selle le blesse, c'est alors qu'il doit aviser aux moyens de la réparer ou l'ajuster. Il ne doit rien négliger pour empêcher ou pour guérir les blessures de son cheval; les négligences à cet égard l'exposent à marcher à pied.

ARTICLE VII.

DEVOIRS DES TRAVAILLEURS.

68. *Obligations d'un travailleur.*

Nul cavalier ne peut travailler, soit aux ateliers du régiment, soit en ville, sans en avoir, au préalable, obtenu la permission de son capitaine. Nul ne peut obtenir de permission pour travailler qu'il n'ait au moins six mois de service, que son instruction ne soit avancée, et que sa conduite ne soit sans reproches. Les cavaliers dont les états peuvent être utiles au régiment doivent de préférence être employés dans les ateliers du corps.

Le travailleur doit verser à l'ordinaire cinq centimes par jour.

Il doit y laisser en outre 3 francs par mois pour faire faire son service, à moins qu'il ne soit employé aux ateliers du régiment.

Il doit payer 3 francs par mois pour le pansage de son cheval, et 1 fr. 50 cent. pour le nettoiement de ses armes, aux cavaliers qui en sont chargés.

Il doit, sur le produit de son travail, compléter sa masse de linge et chaussure, quand il y redoit.

Le travailleur doit se fournir, à son compte, d'une veste de travail ayant le collet et les paremens de la couleur distinctive du régiment.

Il ne peut, pour travailler, se servir d'aucun effet d'ordonnance, excepté du bonnet de police.

Les travailleurs sont tenus de rentrer à l'appel du soir et de coucher au quartier, à moins de permission spéciale.

Ils doivent tous paraître aux revues, et généralement toutes les fois que le commandant du régiment l'ordonne.

Ils sont tenus d'être présens à l'inspection des dimanches, et sont ensuite exercés au maniement des armes.

Tout cavalier qui panse trois chevaux pour lesquels il est payé est réputé travailleur.

Les cavaliers qui pansent les chevaux d'officiers sont assujettis à faire leur service, à moins que celui qui les emploie n'obtienne la permission de le payer.

Le travailleur qui donne des sujets de plainte est privé de la permission de travailler, et puni, s'il y a lieu.

69. *Devoirs du frater.*

Le frater est chargé de raser deux fois la semaine tous les hommes de la compagnie, les mercredi et samedi, ou les jeudi et dimanche.

Il rase les hommes de service le matin du jour où ils le montent.

Il est payé tous les cinq jours par le maréchal-des-logis chef, suivant le prix fixé par le régiment.

Il coupe les cheveux aux cavaliers tous les deux mois.

Sur l'argent qu'il reçoit, il se fournit de rasoirs, savon, plat et linge à barbe.

Il est exempt de service et corvées.

Il est de l'intérêt de chaque cavalier d'apprendre à se raser, afin d'être à même de se passer de secours étrangers. Cette habitude lui est d'une grande utilité en route ou en détachement.

70. *Devoirs et soins du maréchal ferrant.*

Le maréchal ferrant est exempt de service; il paie le pansage de son cheval et l'entretien de de ses effets d'habillement, équipement, armement et harnachement.

Le cavalier chargé du pansage de son cheval monte sa garde d'écurie et fait ses corvées.

Il doit manger à l'ordinaire, à moins d'une permission spéciale. S'il a l'autorisation de se faire mettre sa soupe à part, il doit laisser, comme les travailleurs, cinq centimes par jour en sus du prêt, pour être répartis dans l'ordinaire.

Au moyen de son abonnement, il est chargé de l'entretien de la ferrure des chevaux d'officiers et de troupe de l'escadron.

L'abonnement pour les chevaux d'officiers ne

doit pas excéder de beaucoup le prix fixé pour ceux de la troupe. A défaut d'abonnement pour les chevaux d'officiers, il les ferre à neuf à raison de 75 centimes par fer, 40 centimes par relevé, et 5 centimes par clou qu'il remplace, lorsqu'ils en perdent en route.

Les abonnemens pour la troupe et pour les officiers sont d'ailleurs déterminés par le colonel, sur l'avis du maréchal vétérinaire.

Il assiste au pansage du matin, pour être présent à la revue de la ferrure, recevoir les ordres des officiers et sous-officiers de semaine relativement à ses fonctions, et connaître les chevaux qu'il devra ferrer dans la journée.

Il calcule qu'en garnison, les chevaux qui ont de bons sabots ont besoin d'être ferrés à neuf tous les trois mois, et leurs fers relevés toutes les six semaines; que les autres doivent l'être tous les deux mois, et les fers relevés tous les mois. D'après cela, s'il a cent chevaux dans l'escadron, il doit savoir qu'il emploiera par mois de cent quarante à cent cinquante fers, et de douze à quinze cents clous.

En route, il calcule qu'un cheval use sa ferrure en vingt ou vingt-cinq jours de marche.

Il doit toujours avoir au magasin de l'escadron une quantité de fers suffisante pour en donner deux à chaque cavalier, en cas de départ, ainsi que les clous nécessaires pour les attacher.

Plus il est soigneux dans la manière de ferrer et dans le remplacement des fers, et moins il en perd. Il doit savoir tirer parti des vieux fers et clous.

Il paie aux cavaliers détachés en ordonnance les fers qu'ils auraient fait mettre.

En route, il se met à ferrer aussitôt l'arrivée, et tâche de ne rien avoir à faire le matin du départ, parce que les chevaux qu'on est obligé de ferrer alors ne se reposent pas aussi bien. Il doit passer souvent la revue de la ferrure, et employer toutes les précautions pour éviter d'être obligé de ferrer pendant la marche, attendu qu'on ne trouve pas toujours des forges, et que les chevaux qui marchent pied nu se fatiguent et abîment la corne.

Il ne peut recevoir le prix de son abonnement que sur un certificat du capitaine commandant l'escadron et du maréchal vétérinaire, qui atteste que la ferrure est en bon état, et que les fers de rechange sont au complet.

71. *Attentions que l'on doit avoir relativement aux blanchisseuses.*

La blanchisseuse de l'escadron prend, tous les

lundis, le linge sale dans chaque chambrée ; il lui est remis par le brigadier, avec une note qui en contient le détail, et dont il garde le double sur un livre disposé à cet effet.

Elle doit le rapporter tous les samedis, ayant le soin de ne rien perdre, ni de ne pas confondre le linge d'une chambrée avec celui d'une autre. Elle est responsable des effets égarés.

Toutes les chemises doivent être lessivées avec des cendres, et ensuite lavées avec du savon blanc ou bleu de Marseille, et non avec du savon liquide noir, qui laisse au linge une odeur contraire à la santé du cavalier.

Il ne convient, dans aucun cas, d'employer de l'eau de javelle ou autre mordant qui altère la toile et la brûle. Elle ne doit pas non plus se se servir de brosse pour décrasser le linge, ni le battre trop fort avec le battoir, parce que le linge se trouve déchiré par ces deux ustensiles.

Tout le linge doit être repassé. On doit veiller à ce qu'il ne soit ni brûlé, ni déchiré.

Ces soins, tout minutieux qu'ils paraissent, sont cependant d'une grande conséquence, et contribuent beaucoup à l'économie de la masse de linge et chaussure des cavaliers.

ARTICLE VIII.

RÉCAPITULATION de tout ce qui revient a un cavalier de quelque arme qu'il soit, pour un jour, tant solde que pain et vivres de campagne; et composition de la ration de fourrage pour son cheval.

72. *TARIF de la solde journalière pour les cavaliers de toutes les armes de la* GARDE ROYALE.

DÉSIGNATION DES ARMES.		SOLDE DE PRÉSENCE.		SOLDE D'ABSENCE.		OBSERVATION.
		Hors Paris.	Dans Paris.	En semestre.	A l'hôpital.	
		fr. c. m.	fr. c. m.	fr. c. m.	fr. c. m.	
GRENADIER A CHEVAL OU CUIRASSIER		» 85 »	» 95 »	» 42 »	» 20 »	NOTA. La solde fixée pour le séjour de Paris sera également accordée dans tous les lieux où les cavaliers feront le service près de sa Majesté. Elle sera également payée sur le même pied pour les journées de marche de Paris aux garnisons, et réciproquement, elle tiendra lieu d'indemnité de route. Chaque cavalier éprouve sur sa solde, par jour, une retenue de 20 cent., qui sont versés à sa masse, dont le complet est de 40 fr. L'ordonnance du Roi, du 11 avril 1816, accorde aux cavaliers une indemnité de 30 cent. par jour lorsqu'ils exécuteront des mouvemens hors Paris. Cette indemnité sera double lorsqu'ils franchiront une étape.
DRAGON, LANCIER, CHASSEUR et HUSSARD		» 80 »	» 90 »	» 40 »	» 20 »	
ARTILLERIE A CHEVAL	1.er canonnier	1 05 »	1 21 »	» 52 »	» 20 »	
	2.e canonnier	» 94 »	1 07 5	» 47 »	» 20 »	
TRAIN D'ARTILLERIE	soldat 1.re classe	» 88 »	1 16 »	» 44 »	» 20 »	
	Id. 2.e classe	» 82 »	1 02 5	» 41 »	» 20 »	

73. *TARIF de la solde journalière pour les cavaliers de toutes les armes de la LIGNE.*

DÉSIGNATION DES ARMES.	SOLDE DE PRÉSENCE. Avec les vivres de campagne.	En station sans vivres de campagne.	En marche avec le pain seulement.	SOLDE D'ABSENCE. En semestre.	A l'hôpital.	SUPPLÉM. de solde dans Paris.	OBSERVATION.
	fr. c. m.	fr. c. m.	fr. c. m.	fr. c. m.	fr. c. m.	fr. c. m.	
CARABINIER et CUIRASSIER	» 38 »	» 53 »	» 63 »	» 19 »	» 10 »	» 09 »	NOTA. Le supplément de solde de Paris n'est alloué que pour les journées de présence. Chaque cavalier éprouve sur sa solde une retenue de 10 cent. à verser à sa masse de linge et chaussure, dont le complet est de 40 fr.
DRAGON, CHASSEUR, HUSSARD	» 33 »	» 48 »	» 58 »	» 16 5	» 10 »	» 6 5	
ARTILLERIE À CHEVAL — 1.er canonnier	» 56 »	» 71 »	» 81 »	» 28 »	» 10 »	» 18 »	
ARTILLERIE À CHEVAL — 2.e canonnier	» 47 »	» 62 »	» 72 »	» 25 5	» 10 »	» 13 5	
TRAIN D'ARTILLERIE — Soldat 1.re classe	» 62 »	» 56 »	» 81 »	» 28 »	» 10 »	» 28 »	
TRAIN D'ARTILLERIE — Soldat 2.e classe	» 56 »	» 50 »	» 75 »	» 25 »	» 10 »	» 25 »	

74. *Hautes-paies.*

Les cavaliers de toutes les armes, tant de la garde royale que de la ligne, jouissent d'une haute-paie d'ancienneté, fixée ainsi qu'il suit :

	par mois.	
Pour les hommes de 10 à 15 ans de service (1 chevron)	1 f	» c
Pour les hommes de 15 à 20 ans de service (2 chevrons)...........	1	50
Pour les hommes de 20 ans et au-dessus (3 chevrons)	2	»

Cette haute-paie se paie pour 30 jours chaque mois ; elle est due pour les journées d'absence comme pour celles de présence.

75. *Composition de la ration de pain, de vivres de campagne, et chauffage.*

Le pain de munition se compose de 3 quarts froment et 1 quart seigle ou orge de bonne qualité. La ration pour un jour est de 7 hectogrammes et demi ou 24 onces (pain cuit et rassis). Le pain doit peser 15 hectogrammes ou 3 livres, et forme deux rations.

Le biscuit est fait avec la farine de blé froment pur. Le gâteau pèse ordinairement 9 onces ou environ. La ration est de 5 hectogrammes et demi (18 onces).

Outre le pain, en temps de guerre, le soldat reçoit des vivres de campagne, dont les rations sont fixées ainsi qu'il suit :

Viande fraîche et bœuf salé.	2 hectogr. $\frac{1}{2}$
Lard salé..............	2
Riz.....................	3 décagr.
Légumes secs...........	6
Sel.....................	$\frac{1}{60}$ de kilogr.

Les rations de liquides sont fixées ainsi :

Pour le vin.....	1	litre pour	4	hommes.
Eau-de-vie.....	1	*id.*	16	*id.*
Vinaigre.......	1	*id.*	20	*id.*

Le chauffage est divisé en ration d'été et d'hiver.

La ration d'hiver est d'un stère pour 150 hommes. Lorsqu'il est distribué au poids, la ration est de 2 kilogrammes, celle de charbon de terre est d'un kilogramme, et, pour les tourbes de marais, de 10 tourbes.

La ration d'été est moitié de celle d'hiver.

La ration d'hiver, sur le pied de guerre, est d'un........................ 125ᵉ de stère.

Pour le bois au poids, de.....	24 hectogr.
Le charbon de terre.........	12 hectogr.
Et les tourbes de marais, de..	12 tourbes.

76. *Composition de la ration de fourrage pour un jour pour toutes les armes.*

Armes	Situation	Période	Denrée	Quantité
GRENADIERS à cheval, CARABINIERS, CUIRASSIERS, DRAGONS, ARTILLERIE à cheval de la garde et de la ligne.	Sur le pied de guerre		Foin	7 kil.
			Paille	5 kil.
			Avoine	8 lit. ½
	Sur le pied de paix :	ration d'été, du 1.er avril au 31 octobre.	Foin	5 kil.
			Paille	5 kil.
			Avoine	8 lit. ½
		ration d'hiver, du 1.er novemb. au 31 mars.	Foin	5 kil.
			Paille	5 kil.
			Avoine	6 lit. ½
	En route		Foin	9 kil.
			Avoine	8 lit. ½
CHASSEURS et HUSSARDS de la garde et de la ligne.	Sur le pied de guerre		Foin	5 kil.
			Paille	5 kil.
			Avoine	8 lit. ½
	Sur le pied de paix :	ration d'été, du 1.er avril au 31 octobre.	Foin	5 kil.
			Paille	5 kil.
			Avoine	6 lit. ½
		ration d'hiver, du 1.er novemb. au 31 mars.	Foin	4 kil.
			Paille	5 kil.
			Avoine	6 lit. ½
	En route		Foin	7 kil. ½
			Avoine	8 lit. ½
TRAIN DE L'ARTILLERIE à cheval de la garde et de la ligne.	Sur le pied de guerre		Foin	9 kil.
			Avoine	9 lit. ½
	Sur le pied de paix		Foin	8 kil.
			Avoine	8 lit. ½
	En route		Foin	9 kil.
			Avoine	9 lit. ½

Il n'est point délivré de paille au train de l'artillerie; et la ration, sur le pied de paix, est la même en été comme en hiver.

77. DEVOIRS RELIGIEUX.

Les dimanches (1), lorsque le régiment sera conduit à la messe, les hommes de service, ou un détachement en grande tenue et en armes, sous la conduite d'un officier, marchent à la droite du régiment, dont le reste des cavaliers est en tenue, et armés seulement de leur sabre, qu'ils portent au côté.

Le régiment entre dans l'église, précédé par les trompettes, la droite en tête et par le flanc, en observant le plus grand silence. Le détachement de service porte l'arme, s'il est de cavalerie légère, ou a le sabre à la main, s'il est de grosse cavalerie. Il se place le plus près du chœur, et détache un brigadier et deux hommes qui se placent au port d'armes ou le sabre à la main près du grand autel, lui faisant face; le brigadier est au centre. Le régiment est à la gauche du détachement armé, s'il y en a un. L'officier com-

(1) *Voyez* les ordonnances des 14 février 1816 et 24 juillet même année, qui rétablissent un aumônier dans chaque régiment.

mandant fait ouvrir les rangs, et fait faire *à droite et à gauche* pour que les hommes puissent mettre genou à terre; ensuite il fait remettre l'arme au bras : le régiment est placé sur une ou plusieurs colonnes, suivant les localités, et de manière à laisser un espace vide entre elles.

Au moment de la lecture de l'évangile, l'officier fait porter les armes; à l'élévation, lorsque le prêtre prononce, *O salutaris hostia!* il commande, *Présentez armes;* les trompettes sonnent la marche : au moment où le prêtre va communier, il commande, *Genou-terre.* A ce commandement, chaque cavalier de service met le genou droit en terre, y appuie la crosse du mousqueton ou de la carabine, qu'il contient de la main droite. Il baisse la tête sans faire aucun mouvement du corps, porte la main gauche à la coiffure pour l'empêcher de tomber. Si c'est dans la grosse cavalerie, après avoir présenté le sabre et mis le genou droit en terre, le cavalier allonge le bras droit, tourne le poignet en tierce, les ongles en-dessous, et baisse la pointe de son sabre jusqu'à terre. Pour se relever, il fait les mouvemens contraires.

Après la communion, l'officier commande, *Portez.* A ce commandement, chaque cavalier se relève en rapportant le talon droit près du gauche, et en présentant l'arme jusqu'à celui de *armes ;* alors il rapporte la main droite sur le côté, et assure l'arme à l'épaule avec la main gauche.

Tous les cavaliers qui ne sont point de service fléchissent le genou, et baissent la tête en portant la main gauche à la coiffure pour la maintenir. Ils se relèvent après l'élévation. Le régiment sort ensuite de l'église par le flanc et la droite en tête.

Dans les processions, les cavaliers forment la haie, l'arme au bras ou le sabre à la main. Toutes les fois que le prêtre donne la bénédiction, ils mettent le genou droit en terre, présentent l'arme ou baissent la pointe du sabre.

Pour rendre les honneurs funèbres, les cavaliers forment la haie ; dans l'église, ils ont l'arme au bras ou le sabre à la main ; à l'élévation, ils portent et présentent l'arme, et mettent le genou en terre comme à la messe ; pendant la marche, ils portent l'arme sous le bras gauche, ou tiennent le sabre à la main.

Dans toutes ces circonstances, le soldat doit avoir une attitude réservée, et respecter et faire respecter les ministres de la religion.

Nos pères nous ont donné l'exemple de ce respect religieux dont ils s'honoraient. Les Bourbon, les Condé, les Turenne, les Richelieu, les Luxembourg, les Villars, et tous les illustres capitaines fondateurs de notre antique gloire en étaient rigoureux observateurs, et savaient allier à cette noble piété toutes les vertus militaires qui ont immortalisé leurs noms. C'est sur les traces de ces premiers modèles de la valeur et de la fidélité françaises que nous devons marcher, et leurs noms, en continuant à servir de mots d'ordre et de ralliement aux troupes de Sa Majesté, leur inspireront les vrais sentimens d'honneur et de dévoûment dont ils nous ont laissé le précieux héritage.

La religion soutient le courage et la constance dans les revers; elle console le brave dont la conscience est sans reproches, et lui apprend à braver la mort.

« La religion, a dit Fénélon, est le soutien de « la fidélité et de la vertu; là où il n'y a point « de religion, il n'y a point de probité; sans pro- « bité point de religion.

« Violer la religion du serment, c'est manquer « à l'honneur. »

Elle nous apprend enfin qu'un bon soldat doit vivre ou mourir pour son Dieu et pour son Roi.

FIN DU SERVICE EN TEMPS DE PAIX.

MANUEL
DU CAVALIER,
EN TEMPS DE GUERRE.

MANUEL DU CAVALIER,

EN TEMPS DE GUERRE.

DEVOIRS DU CAVALIER EN CAMPAGNE.

1. *Soins que doit prendre le cavalier avant de se mettre en route pour entrer en campagne.*

Lorsqu'un régiment est sur le point de partir pour entrer en campagne, il est du devoir de chaque cavalier de s'assurer du bon état de tous ses effets d'habillement, équipement, armement et harnachement, ainsi que de la ferrure. Lorsqu'il a donné ses soins à ce que son harnachement ne puisse blesser son cheval, il doit avoir la précaution de se munir de tout ce qui lui est nécessaire pour l'entretien de ces mêmes effets, tels qu'aiguilles, fil, alêne, ligneul, boutons, etc. Il doit compléter tous ses effets de petit équipement, se pourvoir de ce qu'il a besoin pour blanchir sa buffleterie et cirer sa giberne ; il doit avoir une S et un crochet de rechange. La négligence à cet égard peut lui occasionner les plus grands accidens : un crochet ou une S peut se casser ; et s'il ne peut les remplacer, il ne sera plus le maître de son cheval. Dans une action, combien de cavaliers ont été victimes de cette négligence! Il peut lui arriver qu'une sangle ou un porte-étrivière casse; s'il ne peut les réparer, il se trouvera très-embarrassé. Ces soins, quoique minutieux, sont cependant d'une très-grande conséquence.

Quant à l'état de ses armes, il mérite principalement son attention. Un cavalier mal armé n'est d'aucune utilité sur son cheval; il n'a pas même les moyens de défendre sa vie, tandis qu'un cavalier démonté, et dont les armes sont en état, peut non-seulement se défendre, mais encore être employé utilement.

Il doit être également pourvu de quatre fers et leurs clous.

2. *Son attention pendant les marches.*

En marche, il ne doit point fatiguer son cheval inutilement; il doit en avoir le plus grand soin. Pendant les marches de jour ou de nuit, à moins d'ordre contraire, il met pied à terre aux haltes, et ne quitte jamais son cheval ; il le ressangle et redresse la charge chaque fois qu'elle se trouve dérangée. Il observe à cheval la position la plus convenable pour ne point le blesser, et jamais il ne le charge de choses inutiles.

Chaque fois qu'il le desselle, il doit examiner si la selle ne l'a pas pincé dans quelque endroit, et y porter remède de suite, soit en limant le bois dans cet endroit, s'il a une selle de cavalerie légère, soit en ôtant un peu de bourre pour pratiquer une chambre au point qui touche, si c'est une selle à panneaux. Il doit toujours, chaque fois qu'il desselle, battre les panneaux de la selle pour les empêcher de se durcir. On battra également la couverture, et on frottera entre les mains les endroits mouillés de la sueur, pour les rendre souples et doux.

3. *Nécessité de l'obéissance.*

Le cavalier doit une obéissance entière à ses chefs, en commençant par le brigadier, même à un cavalier plus ancien que lui, et désigné pour le commander. Cette obéissance est exigée en garnison. En campagne, non-seulement elle est due, mais elle est encore nécessaire à sa propre conservation et à celle de ses camarades : d'elle dépend souvent le salut d'un grand nombre d'individus, et quelquefois un succès important. Les lois militaires l'ordonnent formellement; et ne sauraient punir trop sévèrement ce manque de devoir si important.

4. *Devoir du cavalier dans un camp ou bivouac.*

Lorsque le régiment est arrivé à l'endroit où il doit camper ou bivouaquer en présence de l'ennemi, les chevaux sont attachés par escouade sur un rang aligné, autant que le permet le terrain. On plante des piquets ou on les attache à des arbres, mais toujours de manière qu'ils ne puissent se blesser entre eux, ni se frotter aux arbres, haies ou buissons; ce qui détériorerait les effets de harnachement. La bride, les armes et tous les effets d'équipement doivent être placés de manière que les chevaux ne puissent marcher dessus. Les chevaux ne doivent être dessellés que pour les panser, et dans chaque escadron d'après l'ordre du capitaine-commandant.

Le cavalier campé ou bivouaqué ne peut, sans permission expresse du commandant de l'escadron, s'absenter du bivouac pour quelque cause que ce soit. Ses effets, rangés dans l'ordre prescrit, doivent être placés de manière à ce qu'il puisse, soit de jour, soit de nuit, les trouver le plus promptement possible.

Il profite des instans de loisir pour remettre

ses armes en état. Il ne doit jamais les démonter à fond, à moins que cela n'ait été ordonné.

Il visite souvent la ferrure, et son harnachement. Il le répare, ainsi que ses effets d'habillement, et nettoie sa buffleterie.

5. *Devoir du garde de bivouac.*

Le garde de bivouac est chargé de la surveillance sur les chevaux. Il doit veiller à ce qu'ils ne se détachent pas. Il est reponsable du fourrage. Il ne permet qu'aux personnes du régiment de pénétrer dans le bivouac, à moins qu'il n'y soit autorisé par l'officier ou le maréchal-des-logis de semaine. Il doit veiller à la conservation des armes et effets de ses camarades, et redoubler de surveillance pendant la nuit pour tous les détails ci-dessus. Il prévient dès qu'il entend le moindre bruit.

Le cuisinier doit prendre garde au feu. Il doit établir le sien assez loin du fourrage et de la paille de couchage pour qu'il ne puisse y communiquer. Il le place toujours sous le vent, afin que la fumée n'incommode point les chevaux.

6. *Devoir d'une vedette.*

Le cavalier en vedette, s'il appartient à la grosse cavalerie, aura le pistolet armé dans la main droite; s'il est cavalier léger, il aura la carabine accrochée au porte-carabine; il la tiendra haute et armée, la crosse sur la cuisse droite, le premier doigt de la main droite sous la sougarde.

Il doit tout voir, tout observer, et avertir promptement. Il ne peut quitter son poste que lorsqu'il est relevé par son brigadier, ou lorsque l'ennemi l'y force; et, dans ce cas, il se replie sur le petit poste après avoir fait feu. S'il était surpris, il ne doit point se rendre qu'il n'ait fait usage de ses armes à feu.

S'il remarque quelque chose d'intéressant, il en avertit le petit poste, autant qu'il le peut, par ses gestes ou par tout autre signal convenu avec le brigadier. Si les vedettes sont doubles, l'une d'elles se détache dans cette circonstance pour venir rendre compte de ce qui se passe. Si elle est seule, elle se rend elle-même près du brigadier pour l'avertir, si elle n'avait pu se faire comprendre.

La vedette ne se laisse approcher ni dépasser par aucune personne ou troupe armée. Dès qu'elle aperçoit quelqu'un venant à elle, elle crie : *Halte là ; qui vive?* Si on s'arrête, elle appelle le brigadier pour reconnaître; si on continue de marcher, elle fait feu et se replie sur le poste.

Si elle arrête un tambour ou trompette venant de l'ennemi, elle lui fait tourner le dos au poste jusqu'à l'arrivée du brigadier. Elle remplit le même devoir vis-à-vis d'un parlementaire.

Pendant tout le temps de sa pose, elle ne peut, sous aucun prétexte, descendre de cheval ni quitter ses armes. Elle fait constamment face à l'ennemi. S'il pleut, elle aura soin de couvrir avec son manteau la batterie du pistolet ou de la carabine pour l'empêcher de se mouiller, et la conserver en état de faire feu; mais elle ne pourra jamais, quelque temps qu'il fasse, cesser d'être tournée du côté de l'ennemi, ni se couvrir la tête avec le collet de son manteau, ou faire usage d'un capuchon.

Elle ne peut chanter, parler, siffler, manger ou fumer pendant sa faction, soit le jour, soit la nuit, où le feu de sa pipe peut servir à la faire découvrir.

Elle arrête tout individu non armé venant du côté de l'ennemi; elle le questionne, et le fait reconnaître par le brigadier. Si l'on négligeait cette précaution, l'on pourrait être souvent espionné par les habitans, qui viendraient examiner ce qui se passe sur la ligne.

Pendant la nuit elle redouble de surveillance pour se garantir de toute surprise; son principal soin est d'écouter attentivement, et de rendre sur-le-champ un compte bien détaillé du bruit qu'elle a entendu, s'il est occasionné par une troupe de cavalerie, d'infanterie ou d'artillerie, et indiquer sa direction.

Si elle s'apercevait qu'elle fût coupée, son devoir est de faire feu pour donner l'alerte au poste, et l'empêcher d'être surpris, et elle cherche à s'échapper, soit en faisant un grand tour, soit en traversant au milieu de ceux qui pourraient l'avoir coupée. Il ne faut que du sang-froid, de l'adresse et du courage pour réussir; si elle n'est pas pressée au point de ne pouvoir s'arrêter un instant, elle fera le plus possible usage de ses armes à feu, en observant toujours tous les mouvemens de l'ennemi.

Si, les vedettes étant doubles, l'une d'elles déserte, l'autre doit tirer dessus; ce qui fera venir le brigadier, à qui elle rendra compte, pour qu'il prenne ses mesures en conséquence.

Les vedettes volantes doivent marcher au pas et s'arrêter souvent pour prêter l'oreille. Si elles tombaient dans une embuscade, elles doivent faire feu, et tâcher d'échapper en faisant un détour pour ne pas conduire l'ennemi sur le poste. Mais elles ne doivent jamais se rendre sans avoir tiré, quelque pressées qu'elles puissent être.

Ce devoir est essentiel à remplir, en ce qu'il répand l'alarme et garantit les postes de toute surprise.

Il est des circonstances où le terrain sur lequel on se trouve, étant extrêmement couvert, oblige de placer des cavaliers en avant de la ligne des vedettes. On les appelle vedettes perdues. On choisit pour occuper de tels postes des hommes bien montés, intelligens et fidèles; ils reçoivent le mot d'ordre, et des instructions particulières pour se retirer dans le cas où ils seraient coupés. Ils sont placés à trois ou quatre cents pas en avant de la première ligne, et au-delà des buissons, bouquets, éminences, etc., qui masquent les postes, de manière à n'être point vus, et à pouvoir tout apercevoir. Le principal objet d'une vedette perdue est de tout observer. Lorsqu'elle voit quelque chose d'inquiétant, elle doit l'examiner avec attention; et lorsqu'elle est bien certaine qu'elle ne se trompe réellement pas, elle se replie lestement en évitant de se montrer, et vient prévenir les vedettes et les chefs des petits postes. Elle doit se garder de donner l'alarme inutilement. Pendant la nuit, elle écoute attentivement, et descend quelquefois de cheval pour mettre l'oreille à terre, moyen infaillible d'entendre venir de fort loin. Au moindre bruit elle remonte à cheval, mais ne se replie toujours qu'avec la certitude que quelque troupe s'avance.

Elle évite de se laisser voir aux gens du pays. Lorsqu'elle ne peut faire autrement, elle leur demande quelques renseignemens, mais se garde de répondre à leurs questions. S'ils lui paraissent suspects, elle tâche de s'en emparer, et de les conduire au poste; dans le cas où elle les laisse aller, elle change de position, afin qu'ils ne puissent pas désigner l'endroit où elle est placée. Elle ne fait usage de ses armes à feu qu'à la dernière extrémité. Elle reconnaît tous les chemins qui conduisent aux postes dont elle dépend. Si elle est surprise, elle fait feu et se retire au grand galop; si elle est coupée, elle fait tous les détours nécessaires pour tromper l'ennemi et tâcher de lui échapper.

Une vedette doit avoir la plus scrupuleuse attention à exécuter tout ce que nous venons d'indiquer. C'est sur sa vigilance et son zèle que se reposent des régimens entiers. De son activité dépend le sort d'un corps d'armée, et souvent de l'armée elle-même.

7. *Devoir d'un cavalier d'ordonnance près d'un général ou de son colonel.*

Le général et le colonel en présence de l'ennemi, étant continuellement occupés à l'observer, à commander et à diriger leur troupe, ne peuvent songer à leur propre sûreté; c'est donc au cavalier d'ordonnance auprès d'eux à veiller à leur conservation. Surtout dans une mêlée, il ne doit point s'éloigner d'eux; il serait déshonoré s'ils étaient blessés d'un coup de sabre avant lui, et sans qu'il les ait défendus avec le courage et l'attachement qu'un soldat français doit à ses chefs.

On peut citer ici un trait qui appartient à l'histoire.

A l'époque où l'on faisait le siége d'Ulm, en 1805, le 17.ᵉ régiment de dragons, qui était sous les ordres du général Dupont, fut obligé de combattre à Alberg deux régimens de cavalerie autrichienne forts de 1500 hommes.

Le colonel Saint-Dizier qui commandait, et dont le régiment ne comptait guère que 200 hommes, se trouva, après un combat très-opiniâtre, enveloppé avec les sapeurs qui lui servaient d'ordonnances. Il succomba sous le nombre, et périt avec trois sapeurs; les sept autres, blessés dangereusement, étaient tombés sur le corps de cet officier expirant.

Le général autrichien, instruit de leur dévoûment, les fit transporter dans un hôpital, où, après avoir été guéris, ils furent reconduits aux avant-postes français.

Voilà la conduite que doivent imiter tous les cavaliers appelés à servir d'ordonnances à un officier supérieur ou général.

8. *Devoir du cavalier en éclaireur ou flanqueur.*

Le cavalier chargé d'éclairer une troupe marchera en avant, à une distance proportionnée aux difficultés du terrain, c'est-à-dire plus près, s'il est couvert ou coupé, et plus loin, s'il est découvert.

Il s'avancera le pistolet à la main ou la carabine haute. S'il rencontre une hauteur, il la gravira jusqu'au sommet, pour être à même de mieux observer, et il y restera jusqu'à ce que la troupe qui le suit soit arrivée à sa hauteur.

Il approchera avec précaution des haies, buissons, bouquets de bois, ravins et chemins creux, qu'il tâchera toujours de prendre de revers; tous ces endroits doivent être fouillés avec les plus grandes précautions, et il est de son devoir de n'en dépasser aucun sans s'assurer qu'il ne cache point d'embûche.

Pour pénétrer dans un village, les éclaireurs ne doivent y entrer que l'un après l'autre, et à une distance telle, qu'ils ne puissent se perdre de vue. Ils reconnaîtront toutes les rues qui traverseraient la principale, par laquelle ils seraient entrés. Si c'est pendant le jour, ils prendront auprès des habitans les renseignemens qui leur seront nécessaires, et conformes aux instructions qu'on leur aura données.

Pendant la nuit, les éclaireurs doivent moins s'éloigner de leur troupe; il faut qu'ils soient toujours à portée de se faire entendre. Ils s'arrêtent de temps en temps pour prêter l'oreille. S'ils ont l'ordre d'entrer dans les villages, ils le feront avec plus de précautions encore; ils prendront dans la première maison des renseignemens sur la marche de l'ennemi, et se feront conduire dans toutes les rues, dont ils reconnaîtront les issues. Si cette marche de nuit doit être secrète, ils y pénétreront sans parler aux habitans, ou ils le tourneront pour éviter d'y entrer, si leur instruction le veut ainsi.

Un éclaireur à l'arrière-garde doit marcher de la même manière, à une distance de la troupe qui le précède. Il doit faire souvent demi-tour pour observer derrière lui, et gravir toutes les hauteurs pour découvrir le plus de pays possible.

Un flanqueur remplit les mêmes devoirs sur les flancs de la troupe; il fouille tous les endroits susceptibles de receler les ennemis, et ne passe rien qu'il ne l'ait reconnu.

Il n'est permis dans aucun de ces cas, et quelque temps qu'il fasse, d'avoir le manteau déployé.

9. *Devoir d'un tirailleur.*

Tous les cavaliers employés en éclaireurs d'avant ou d'arrière-garde et flanqueurs deviennent tirailleurs dès qu'ils rencontrent l'ennemi. On établit encore des tirailleurs pour couvrir le front d'une troupe qui manœuvre. Dans tous ces cas, le tirailleur doit avoir ses fontes découvertes et le sabre hors du fourreau, le poignet droit passé dans la dragonne. Il fera usage de ses armes à feu. Il doit toujours être en mouvement devant l'ennemi. Les tirailleurs ne tirent point tous ensemble, afin de se donner mutuellement le temps de recharger leurs armes. Dans tous les mouvemens, ils doivent faire demi-tour à gauche pour battre en retraite, et demi-tour à droite pour faire front, parce que, le côté droit étant continuellement tourné du côté de l'ennemi, ils sont à même de se servir utilement du bras droit, soit pour la défense, soit pour l'attaque.

Lorsqu'ils chargent les tirailleurs ennemis, ils doivent le faire vivement, mais avec précaution, et toujours le sabre à la main ; s'ils les joignent, après qu'ils ont fait demi-tour, c'est par leur gauche qu'il faut chercher à les attaquer. Ils se doivent les uns aux autres secours et assistance. S'ils sont repoussés à leur tour, ils se retirent avec calme et sang-froid, s'arrêtent souvent pour faire demi-tour à droite, le pistolet à la main, dont ils menacent ceux qui les suivent, pour ralentir leur marche. Les tirailleurs sont ordinairement soutenus par un peloton qui a le sabre à la main. En avançant, comme en battant en retraite, ils observent le terrain pour en reconnaître les difficultés, et les éviter ou les mettre à profit. S'ils se trouvent coupés, ils doivent employer tous les moyens possibles pour ne pas tomber au pouvoir de l'ennemi, dussent-ils faire un tour tel, qu'ils ne puissent rejoindre leur corps qu'un ou deux jours après. Dans ce cas, on cherche à gagner un bois ou un ravin où l'on puisse attendre la nuit sans être aperçu ; à la faveur de son obscurité, on tente alors d'échapper. Un bon soldat doit préférer cette chance à une longue captivité, où la misère la plus affreuse et les plus mauvais traitemens l'attendent, et souvent perdre pour toujours l'espoir de revoir sa patrie et sa famille, sans même la consolation d'en avoir des nouvelles. Ils ne peuvent se rendre qu'après qu'ils ont fait tous leurs efforts pour se faire jour au travers de l'ennemi; moyen qui réussit souvent lorsqu'on l'emploie avec intrépidité et avec adresse. Enfin, lorsqu'il n'y a aucun espoir de salut, si, après s'être bravement défendus, ils tombaient au pouvoir de l'ennemi, ils ne doivent point en être intimidés; ils doivent déjouer avec adresse les questions qu'on peut leur faire, et ne donner aucun renseignement sur la position, la force et les ressources de l'armée, et sur les noms des officiers qui y commandent : on méprise toujours ceux qui ont la lâcheté d'y répondre.

Les tirailleurs doivent avoir le soin de ne point fatiguer leurs chevaux inutilement, pour les retrouver dans le besoin.

10. *Devoir du cavalier pendant l'action.*

Placé à son rang, qu'il ne doit jamais quitter, il observe le plus grand silence, pour ne pas empêcher d'entendre le commandement. Il doit conserver tout son sang-froid, pour ne point se tromper dans les manœuvres; ce qui peut devenir dangereux à un peloton ou à un escadron. Lorsqu'il se sert de ses armes à feu, il doit le faire sans précipitation, afin de pouvoir bien ajuster ; il prend garde à ne point blesser ses camarades. Il conserve la plus grande immobilité. Le sifflement des boulets et des balles ne doit nullement l'effrayer : il est inutile qu'il baisse la tête lorsqu'il l'entend, car ils ne peuvent le frapper ; ceux qui sifflent ainsi à ses oreilles sont passés.

Nul cavalier ne doit quitter son rang, à moins qu'il ne soit blessé, ou qu'il n'en ait reçu l'ordre ; il ne doit point s'éloigner sous le prétexte de conduire les blessés. S'il est démonté, il enlève toutes ses armes et tous ses effets, même le harnachement, s'il en a le temps. Il se retire sur les derrières, mais toujours à portée de revenir prendre un cheval, si un de ses camarades était mis hors de combat.

Il doit être surtout obéissant, soit à la voix de ses chefs, soit au son de la trompette ; brave sans témérité, et prudent sans faiblesse ; humain envers l'ennemi désarmé et après la victoire. Il doit respecter les prisonniers qu'il fait ; si c'est un cavalier, il lui fait rendre son sabre et ses armes à feu ; si c'est de l'infanterie, il fait casser la crosse du fusil. Il fait également rendre les armes aux officiers. Cela est très-nécessaire : on a vu quelquefois des prisonniers reprendre les armes dès qu'ils étaient dépassés, et, tirant sur leurs vainqueurs, faire changer la face du combat. Si le sort des armes le rend prisonnier, il doit conserver toute sa fermeté : une défaite ne peut le déshonorer. Il doit avoir la confiance la plus grande dans la bienveillance de son gouvernement, et ne jamais prendre du service contre son pays; lâcheté qui le couvrirait d'infamie. Dans le cas où une charge tentée par la troupe dont il fait partie ne réussirait pas, il doit se rallier promptement, et reprendre son rang avec calme et sang-froid, pour arrêter les progrès de l'ennemi ou recommencer la charge.

De l'exécution de tout ce que nous venons de dire dépend le succès d'une affaire. C'est ainsi que chaque cavalier, faisant tourner sa bravoure à l'avantage de nos armes, concourt à assurer la victoire, qui est aussi souvent due à l'ordre et à la discipline observés pendant l'action qu'à la valeur du soldat.

11. *Son devoir en escortant des prisonniers.*

Le cavalier chargé d'escorter des prisonniers de guerre doit y apporter une surveillance et une activité extraordinaires. Il ne permet à aucun de quitter son rang; si l'un d'eux était forcé de s'arrêter par circonstance, il doit rester près de lui pour le ramener à son rang. Il ne le laisse s'arrêter que dans un endroit découvert et libre. En marche et aux haltes, il prête une attention exacte aux paroles et aux gestes : le moindre indice peut lui servir à découvrir un complot d'évasion. Il ne doit jamais laisser ses armes entre les mains d'un prisonnier, qui pourrait les lui demander sous le prétexte spécieux de l'en décharger. Il veille du reste à la conservation des prisonniers; il les défend même, si cela est nécessaire. Il ne peut faire usage de ses armes que dans le cas de révolte ou de tentative pour s'évader; hors ces deux cas, il ne doit jamais les maltraiter de propos ou d'actions : ce devoir est le premier de tous à remplir par un soldat français envers un ennemi malheureux.

12. *Son devoir relativement aux distributions ordinaires et extraordinaires.*

Quant aux distributions ordinaires, le cavalier s'y comporte comme il a été prescrit à ses devoirs en temps de paix.

Lorsqu'il est ordonné d'aller fourrager dans un village, il s'y rend en ordre, sous la conduite de ses supérieurs. Il est de son devoir de n'emporter que les choses ordonnées, et de son intérêt de ne point gaspiller les ressources du pays. Il ne doit jamais maltraiter un habitant, ni le piller. Il faut qu'il soit habile à faire ses trousses de fourrage, et qu'en cas d'alerte il se rende promptement au lieu indiqué pour le rassemblement.

13. *Cas de punition.*

Le cavalier doit éviter toutes les actions qui peuvent lui mériter punitions. La négligence dans l'entretien de ses armes et effets, le manque de soin de son cheval, le peu d'exactitude dans le service, le manque aux appels, aux pansages, aux rassemblemens du régiment, l'oubli du respect envers ses chefs, et l'ivresse, sont punis par la discipline du corps.

La désobéissance en face de l'ennemi, les menaces ou voies de fait contre les supérieurs, la rébellion, la violation du mot d'ordre, la trahison, l'espionnage, la désertion, le refus de marcher à l'ennemi, et toutes les actions réputées crimes, font traduire celui qui les commet devant un conseil de guerre.

Toutes les fautes dénommées ci-dessus ont toujours un caractère plus grave toutes les fois qu'elles sont commises par un homme de service, et emportent la peine de mort.

14. *Ses devoirs généraux.*

Les devoirs généraux du cavalier sont, l'obéissance la plus parfaite aux ordres de ses chefs, la confiance en leur prudence et leurs lumières ; un zèle actif et constant pour le bien du service, une bonne volonté soutenue dans l'exécution de tout ce qu'il entreprend ; enfin les plus grands soins possibles de ses effets, de son cheval, de ses armes, munitions, vivres, etc.

Les plus essentiels à remplir sont ceux qui regardent le cheval. Il doit le ménager le plus possible, veiller à sa subsistance de préférence à la sienne, entretenir sa ferrure avec le plus grand soin. Quand il lui donne de l'avoine, il doit le faire avec ménagement ; la trop grande abondance peut lui devenir très-pernicieuse. Le cavalier ne doit rien négliger pour son cheval, avec lequel il doit faire cause commune dans les dangers comme dans les repos.

Un maréchal-ferrant, en campagne, ne doit jamais être dépourvu de fers et de clous ; il doit s'en procurer chaque fois qu'il passe dans une ville ou dans un village. Il doit ferrer habilement, et ne faire usage des fers de rechange qu'à la dernière extrémité; il doit le plus tôt possible veiller à leur remplacement.

Il doit également déferrer les chevaux morts sur le champ de bataille, et reprendre les fers de rechange.

CHATELAIN.